REMPLI DE LA PUISSANCE DU SAINT-ESPRIT

Hier et Aujourd'hui

LOVEGODGREATLY.COM

**CHEZ AIMER DIEU DE TOUT COEUR,
VOUS TROUVEREZ DES FEMMES
AUTHENTIQUES ET VRAIES. DES FEMMES
IMPARFAITES, MAIS PARDONNÉES.**

Des femmes qui désirent moins d'elles-mêmes, et beaucoup plus de Jésus. Des femmes qui désirent connaître Dieu à travers Sa Parole, parce qu'elles savent que la Vérité transforme et rend libre. Des femmes qui sont meilleures ensemble, en communauté, remplies de la Parole de Dieu.

Bienvenue mon amie. Nous sommes ravies que tu sois là !

SOMMAIRE

BIENVENUE !

Nous sommes ravies que vous ayez décidé de nous rejoindre pour cette étude biblique. Avant toute chose, nous voulons que vous sachiez que nous avons prié pour vous. Votre participation à cette étude n'est pas le fruit du hasard !

Notre prière pour vous est simple : que vous puissiez vous rapprocher de notre Seigneur en plongeant chaque jour dans Sa Parole. Au fur et à mesure que vous développez cette discipline de méditation quotidienne, notre prière est que vous tombiez encore plus amoureuse de Lui.

Chaque jour, avant de lire le(s) passage(s) indiqué(s), priez et demandez à Dieu de vous aider à comprendre ce que vous lisez. Invitez-le à vous parler à travers Sa Parole. Puis écoutez. C'est à Lui de vous parler, et à vous de l'écouter et de Lui obéir.

Prenez le temps de lire les versets plusieurs fois, encore et encore. Dans les Proverbes, il est dit que ceux qui cherchent trouveront : "si tu la cherches comme l'argent, si tu la poursuis comme un trésor, alors tu comprendras [...]" (Prov. 2, 4-5, Seg. 21).

A *Aimer Dieu de tout coeur*, nous nous réjouissons de vous voir commencer cette étude, et espérons vous voir franchir la ligne d'arrivée à nos côtés. Persévérez, n'abandonnez pas ! Terminez ce que vous commencez aujourd'hui, allez jusqu'au bout. Nous serons à vos côtés à chaque étape du voyage, et nous vous encourageons. Nous cheminons ensemble. Battez-vous pour vous lever tôt, repousser le stress de la journée, et vous asseoir seule devant la Parole de Dieu. Voyons ce que Dieu vous réserve ! Cheminez avec nous et apprenons ensemble à tout donner à Jésus par amour.

Tout au long de cette étude, les ressources suivantes sont à votre disposition :

les versets hebdomadaires •
à mémoriser

les défis hebdomadaires •

Facebook •

lovegodgreatly.com •

Hashtags : #LoveGodGreatly •
#lovegodgreatlyfrench

RESSOURCES

Rejoignez-nous

EN LIGNE
lovegodgreatly.com

BOUTIQUE
lovegodgreatly.com/store

FACEBOOK
facebook.com/AimerDieudetoutcoeurLGG

INSTAGRAM
instagram.com/lovegodgreatlyfrench

TWITTER
@_LoveGodGreatly

TELECHARGEZ l'APPLICATION

NOUS CONTACTER
info@lovegodgreatly.com

aimerdieudetoutcoeur@gmail.com

RESTEZ CONNECTÉE
#LoveGodGreatly

AIMER DIEU DE TOUT COEUR

Aimer Dieu de tout coeur (LGG) est une communauté de femmes qui utilise toutes sortes de plate-formes technologiques pour cheminer ensemble dans la Parole de Dieu. Nous commençons avec un simple plan de lecture de la Bible, mais ça ne s'arrête pas là.

Certaines femmes se retrouvent chez elles ou dans leurs églises, tandis que d'autres retrouvent des femmes du monde entier en ligne. Quelle que soit la méthode, nous aimons nous serrer les coudes et nous unir pour aimer Dieu et l'honorer avec nos vies.

Pourriez-vous proposer à quelqu'un de faire cette étude avec vous ?

Dans le monde d'aujourd'hui, où tout va vite et où la technologie est omniprésente, il serait facile d'étudier la Parole de Dieu dans son coin, isolée, sans encouragement et sans le soutien d'une communauté. Mais ce n'est pas notre intention. Dieu nous a créées pour vivre en communauté avec Lui, et avec ceux et celles qui nous entourent.

Nous avons besoin les uns des autres, et nous vivons mieux ensemble. C'est la raison pour laquelle nous souhaiterions que vous proposiez à quelqu'un de faire cette étude avec vous.

Bien sûr, nous étudierons à vos côtés tout au long des semaines à venir. Nous apprendrons ensemble, nous vous encouragerons, nous partagerons des temps bénis entre sœurs, et nous sourirons de joie de voir Dieu nous unir les unes aux autres, en liant intentionnellement nos cœurs et nos esprits pour Sa gloire.

Voici le défi que nous vous proposons : appelez votre mère, votre sœur, votre grand-mère, la voisine d'en face, votre amie de lycée qui vit à l'autre bout du pays... Réunissez un groupe de femmes de votre église ou de votre lieu de travail, retrouvez-vous dans un café avec des amies que vous avez toujours voulu mieux connaître.

Main dans la main, vivons cette aventure ensemble.

...in all these things we have complete
victory through him who loved us! For
I am convinced that neither death, nor
life, nor angels, nor heavenly rulers, nor
things that are present, nor things to
come, nor powers, nor height, nor depth,
nor anything else in creation will be able
to separate us from the love of God in
Christ Jesus our Lord.

ROMANS 8:37-39

MÉTHODE D'ÉTUDE SOAP

COMMENT PROCÉDER ? POURQUOI CETTE MÉTHODE ?

Pour cette étude, nous vous proposons un journal qui accompagne les versets que nous lisons chaque jour. Ce journal a pour but de vous aider à interagir avec la Parole de Dieu, de vous apprendre à aller plus loin en vous encourageant à prendre le temps de réfléchir à ce que Dieu vous dit chaque jour.

Aimer Dieu de tout coeur utilise la méthode SOAP pour étudier la Bible. Avant de commencer, nous allons prendre le temps de vous expliquer en quoi consiste cette méthode et pourquoi nous vous la recommandons pour vos temps de méditation de la Parole.

C'est une chose que de lire les Écritures. C'en est une autre d'interagir avec Elles, de prendre volontairement le temps de vraiment les méditer. Là, les mots semblent prendre vie. La méthode SOAP vous permet d'approfondir les Écritures et d'en retirer plus qu'au cours d'une simple lecture des versets après laquelle on reprend vite le cours de sa journée.

Les ingrédients les plus importants de cette méthode sont votre interaction avec la Parole de Dieu et la manière dont vous appliquez Sa Parole dans votre vie.

Heureux l'homme qui ne suit pas le conseil des méchants, qui ne s'arrête pas sur la voie des pécheurs et ne s'assied pas en compagnie des moqueurs, mais qui trouve son plaisir dans la loi de l'Éternel et la médite jour et nuit! Il ressemble à un arbre planté près d'un cours d'eau: il donne son fruit en sa saison, et son feuillage ne se flétrit pas. Tout ce qu'il fait lui réussit.

(Psaume 1,1-3, Seg. 21).

Prenez le temps d'appliquer la méthode SOAP à nos études bibliques, et constatez vous-même à quel point vous serez davantage nourrie lors de vos méditations quotidiennes.

Vous n'en reviendrez pas.

Les ingrédients les plus importants de cette méthode sont votre interaction avec la Parole de Dieu et la manière dont vous appliquez Sa Parole dans votre vie.

MÉTHODE SOAP *(LA SUITE)*

QUE SIGNIFIE SOAP ? C'EST UN ACRONYME ANGLAIS.

S POUR

"SCRIPTURE",
LES ÉCRITURES.

Écrivez les versets du jour à la main.

Vous serez surprise de voir ce que Dieu vous révélera rien qu'en prenant le temps d'écrire ce que vous êtes en train de lire !

LUNDI

LECTURE :
1 Timothée 1, 1-7

SOAP :
1 Timothée 1, 5-7

Transcrire

RECOPIEZ
LE PASSAGE
DES ÉCRITURES
DU JOUR.

À cause de l'espérance qui vous est réservée au ciel. Cette espérance, vous en avez déjà entendu parler par la parole de la vérité, l'Évangile. Il est parvenu jusqu'à vous tout comme dans le monde entier, où il porte des fruits et progresse. C'est d'ailleurs ainsi le cas parmi vous depuis le jour où vous avez entendu et connu la grâce de Dieu dans la vérité, suivant l'enseignement que vous avez reçu d'Épaphras, notre bien-aimé compagnon de service. Il est pour vous un fidèle serviteur de Christ, et il nous a appris de quel amour l'Esprit vous anime.

Observations

NOTEZ
UNE OU DEUX
OBSERVATIONS
TIRÉES DU
PASSAGE.

Lorsque l'on combine la foi et l'amour, on obtient l'espoir. Nous devons nous souvenir que notre espérance est au ciel... c'est à venir. L'Évangile est la Parole de Vérité. L'Évangile porte sans cesse du fruit et grandit du premier jour jusqu'au dernier. Il suffit d'une personne pour changer toute une communauté : Épaphras

O POUR

OBSERVATIONS

Que voyez-vous dans les versets que vous êtes en train de lire ?

A qui ce passage s'adresse-t-il ? Certains mots sont-ils répétés ?

Quel mot vous saute aux yeux ou vous interpelle ?

A POUR
APPLICATION

C'est là que la Parole
de Dieu devient
personnelle.

Que vous dit Dieu
aujourd'hui ?

Comment pouvez-vous
appliquer ce que vous
venez de lire à votre
vie ?

Quels changements
devez-vous adopter ?
Devez-vous agir de
manière spécifique ?

Applications

NOTEZ
UNE OU DEUX
APPLICATIONS
TIRÉES DU
PASSAGE.

Dieu a utilisé un homme, Épaphras, pour changer toute une ville ! Cela me rappelle que nous sommes simplement appelés à parler de Christ aux autres, c'est la responsabilité de Dieu de répandre l'évangile, de le faire grandir et de lui faire porter du fruit. J'ai l'impression que les versets d'aujourd'hui ont été presque directement adressés à EFF : « Il est parvenu jusqu'à vous tout comme dans le monde entier, où il porte des fruits et progresse. C'est d'ailleurs aussi le cas parmi vous depuis le jour où vous avez entendu et connu la grâce de Dieu dans la vérité ».

C'est tellement drôle quand la Parole de Dieu devient vivante et nous encourage dans la situation dans laquelle nous sommes ! Mon ardent désir est que toutes les femmes impliquées dans cette étude biblique comprennent la grâce de Dieu et aient soif de Sa Parole. Touchée par cette citation de mon commentaire biblique : « La Parole de Dieu n'est pas simplement informative, elle nous transforme »

Prière

NOTEZ UNE
PRIÈRE BASÉE
SUR CE QUE
VOUS AVEZ
APPRIS DANS
LE PASSAGE
DU JOUR.

Seigneur, s'il te plaît aide-moi à être un Épaphras, à parler de toi aux autres et de remettre le résultat entre Tes mains aimantes. S'il te plaît, aide-moi à comprendre et à mettre en pratique dans ma vie ce que j'ai lu aujourd'hui, pour devenir chaque jour plus comme toi. Aide-moi à vivre une vie qui porte des fruits de foi et d'amour, en axant mon espérance dans le ciel, et non ici sur terre. Aide-moi à me souvenir que le MEILLEUR est à venir !

P POUR PRIÈRE

Priez Dieu avec Sa Parole. Prenez le temps de le remercier.

S'Il vous a révélé quelque chose pendant ce temps passé dans
Sa Parole, priez à ce sujet.

S'Il vous a révélé un péché dans votre vie, confessez-le et
repentez-vous. Souvenez-vous, Il vous aime de tout Son cœur.

UNE
RECETTE
POUR
VOUS
de l'Inde

GULAB
JAMUN

Ingrédients

6 tasses d'eau

3 tasses de sucre granulé

1 cuillère à soupe de poudre de cardamome

2 cuillères à soupe d'eau de rose

3 tasses de lait en poudre

1 1/2 tasse de farine tout usage

1 1/2 cuillères à café de levure en poudre

1 tasse de crème épaisse (ou double crème)

Huile végétale, de canola ou de tournesol (pour la friture)

Instructions

- Dans une casserole profonde, mélanger l'eau et le sucre et faire bouillir jusqu'à ce que tout le sucre soit dissous.

- Éteignez le feu et ajoutez la poudre de cardamome et l'eau de rose. Mélangez bien et mettez de côté.

- Dans un grand bol, bien mélanger le lait en poudre, la farine et la levure en poudre.

- Ajouter un peu de crème épaisse et pétrir pour faire une pâte moyennement molle mais non collante. Vous n'avez pas besoin d'utiliser toute la crème, juste assez pour atteindre la consistance souhaitée; plus c'est lisse, mieux c'est.

- Une fois que la pâte est prête, divisez-la en boules de la taille d'une noix et roulez entre les paumes légèrement graissées jusqu'à consistance lisse. Toute fissure qui apparaît s'aggrave plus tard et peut entraîner la fissuration des «boules de lait» lorsqu'elles sont frites. Ce n'est pas souhaitable, alors prenez tout le temps dont vous avez besoin pour cette étape afin de bien faire les choses.

- Pendant que vous préparez les boules, chauffez l'huile pour la friture dans une grande poêle à feu doux à moyen.

- Faites frire les petites boules en remuant souvent pour qu'elles brunissent de tous les côtés. Ne faites pas cuire à feu très élevé car les boulettes brûleront à l'extérieur et resteront crues à l'intérieur.

- Une fois cuites, égoutter avec une écumoire tout en retirant les petites boules de l'huile et transférer immédiatement dans le sirop de rose.

- Répétez cette opération jusqu'à ce que toutes les boules soient cuites et dans le sirop.

- Laissez les dumplings tremper dans le sirop pendant au moins 2 heures avant de servir.

- Servir nature, rouler dans la noix de coco desséchée ou dans le sirop. Essayez-les chauds et garnis de crème glacée ou garnis de copeaux de fruits secs et d'amandes.

TÉMOIGNAGE

SUNU, INDE

L'année dernière fut un beau gâchis.

Pendant un mois nous avons fermé notre bureau. Mon époux a été opéré. Puis sorti de l'hôpital, j'ai dû prendre soin de lui : ceci a demandé deux mois. Tout de suite après, ma région (Kérala, dans le sud-ouest de l'Inde), a connu les pires inondations depuis un siècle. Toute l'industrie du Kérala s'est arrêtée. Comme l'une de mes clientes les plus importantes sert le secteur du tourisme, une grande partie de mes revenus a disparu.

La panique s'est emparée de moi, je ne savais plus ce que je devais faire. Comment payer mes factures et frais d'hospitalisation ? Nous avons recouru à l'emprunt de l'argent à mes parents et beaux-parents, ceci était une leçon d'humilité. Je n'imaginais jamais que ceci arriverait à mes 40 ans.

Je me sentais au fond du gouffre.

Heureusement, la Parole de Dieu a une façon d'ouvrir nos yeux, de voir sa bonté...

Heureusement, la Parole de Dieu a une façon d'ouvrir nos yeux, de voir sa bonté, surtout quand nous sommes au plus bas. A chaque reprise, la Parole de Dieu m'a rappelée que Dieu est mon défenseur, et qu'il ne cesse d'être à l'œuvre. A travers cette épreuve, j'ai appris à me confier à lui, un jour à la fois.

J'ai commencé à prendre confiance en Dieu et j'ai su que ce qui se passait était permis par Lui. Au lieu de me décourager, j'ai accepté, lui demandant de me fournir tout ce dont j'avais besoin. Petit à petit, les choses changeaient. Mon entreprise a de nouveau grandi et des projets sont arrivés chaque mois.

Faire confiance, sentir, la présence de notre Dieu : Là est la différence.

Je ne m'inquiète plus du futur, je sais que Dieu a un projet et qu'Il pourvoit à mes besoins.

Connaissez-vous une personne qui pourrait bénéficier de nos études, *Aimer Dieu de Tout Cœur* ? Si oui, parlez-lui de nous et de toutes les ressources incroyables que nous fournissons pour les encourager à grandir dans la Parole de Dieu !

REMPLI DE LA PUISSANCE DU SAINT-ESPRIT

Hier et Aujourd'hui

C'est parti !

INTRODUCTION
À L'ÉTUDE
REMPLI DE LA PUISSANCE DU SAINT-ESPRIT

La Propagation de l'Evangile

Jésus a donné à Ses disciples le commandement d'être ses témoins à « Jérusalem, dans toute la Judée, dans la Samarie, et jusqu'aux extrémités de la terre » (Actes 1:8). Le livre des Actes est la trace écrite de l'activité des disciples de Jésus pour témoigner de sa vie, sa mort et sa résurrection.

Le livre des Actes des apôtres a été écrit par Luc, qui a écrit l'Evangile selon Luc et le livre des Actes des apôtres pour son ami Théophile, afin de lui relater les évènements de la vie du Christ et a son entourage après sa mort. Luc a accompagné l'apôtre Paul lors de quelques-uns de ses voyages missionnaires. Le livre des Actes commence là où l'Evangile selon Luc finit, débutant avec l'ascension de Jésus, et l'attente de la venue du Saint-Esprit par les disciples.

Après la Pentecôte, les disciples sont partis proclamer la Bonne Nouvelle du Christ. Au début de la persécution des chrétiens, les croyants se dispersaient depuis Jérusalem jusqu'en Judée et Samarie. Un homme appelé Saul dirigeait la persécution des chrétiens. Après sa conversion extraordinaire, Saul est devenu l'un des chefs de l'église. Il était dès lors appelé Paul, et les derniers chapitres du livre des Actes documentent ses voyages missionnaires dans tout l'empire romain pour proclamer la Bonne Nouvelle de Jésus Christ. Le livre des Actes se termine avec le récit de son emprisonnement mais ce n'était que le début de la propagation de l'évangile.

En étudiant l'église primitive, nous voyons des façons créatives de propager l'évangile et d'encourager d'autres croyants. On trouvera de grands encouragements pour les moments difficiles, en voyant la façon dont les apôtres persistent malgré la persécution, l'emprisonnement, et même la mort pour l'évangile. Nous verrons des défis en ce qui concerne notre foi et notre travail pour répandre l'évangile et faire des disciples de toutes les nations.

Le livre des Actes est un grand encouragement pour nous d'aimer Dieu de tout cœur. En lisant les traces de la façon dont l'évangile s'est répandu, nous pouvons être encouragées nous-mêmes à partager la bonne nouvelle avec notre entourage et dans notre sphère d'influence. Même s'ils ont enduré la persécution, les disciples restaient fermes dans leur mission de partager la bonne nouvelle de Christ. Nous pouvons aussi persévérer face aux épreuves et à la persécution, parce que nous savons qu'il n'y a aucun objectif plus noble que de témoigner de la vie, de la mort et de la résurrection de Jésus.

PLAN DE LECTURE

SEMAINE 1

Lundi
A lire : Actes 1
SOAP : Actes 1 :7–8

Mardi
A lire : Actes 2
SOAP : Actes 2 :42–43

Mercredi
A lire : Actes 3
SOAP : Actes 3 :16

Jeudi
A lire : Actes 4
SOAP : Actes 4 :19–20

Vendredi
A lire : Actes 5
SOAP : Actes 5 :42

SEMAINE 2

Lundi
A lire : Actes 6
SOAP : Actes 6 :7

Mardi
A lire : Actes 7 :1–53 ; Psaume 146 :6
SOAP : Actes 7 :48–50 ; Psaume 146 :6

Mercredi
A lire : Actes 7 :54–8 :3 ; Psaume 116 :15
SOAP : Actes 7 :59–60 ; Psaume 116 :15

Jeudi
A lire : Actes 8 :4–40
SOAP : Actes 8 :12–13

Vendredi
A lire : Actes 9
SOAP : Actes 9 :31

SEMAINE 3

Lundi
A lire : Actes 10 ; Tite 3 :5
SOAP : Actes 10 :34-35 ; Tite 3:5

Mardi
A lire : Actes 11
SOAP : Actes 11 :23–24

Mercredi
A lire : Actes 12
SOAP : Actes 12 :24

Jeudi
A lire : Actes 13 :1–12
SOAP : Actes 13 :1–3

Vendredi
A lire : Actes 13 :13–52
SOAP : Actes 13 :48–49

SEMAINE 4

Monday
A lire : Actes 14
SOAP : Actes 14 :21–23

Mardi
A lire : Actes 15
SOAP : Actes 15 :10-11

Mercredi
A lire : Actes 16
SOAP : Actes 16 :31–33

Jeudi
A lire : Actes 17
SOAP : Actes 17 :24-25

Vendredi
A lire : Actes 18
SOAP : Actes 18 :9–10

SEMAINE 5

Lundi
A lire : Actes 19
SOAP : Actes 19 :8–10

Mardi
A lire : Actes 20
SOAP : Actes 20 :32–35

Mercredi
A lire : Actes 21
SOAP : Actes 21 :19–20a

Jeudi
A lire : Actes 22 :1–29; Matthieu 28:19-20
SOAP : Actes 22 :15–16; Matthieu 28:19-20

Vendredi
A lire : Actes 22 :30–23:35
SOAP : Actes 23 :10–11

SEMAINE 6

Lundi
A lire : Actes 24
SOAP : Actes 24 :15–16

Mardi
A lire : Actes 25 ; Psaume 23 :4-6
SOAP : Actes 25 :10–11 ; Psaume 23:4-6

Mercredi
A lire : Actes 26
SOAP : Actes 26 :22–23

Jeudi
A lire : Actes 27
SOAP : Actes 27 :22–25

Vendredi
A lire : Actes 28
SOAP : Actes 28 :30–31

VOS OBJECTIFS

Nous pensons qu'il est important pour vous de noter vos objectifs pour cette étude. Prenez le temps maintenant de noter trois objectifs sur lesquels vous souhaiteriez vous concentrer tout au long de cette étude. Veillez à y revenir régulièrement tout au long des semaines à venir pour ne pas les perdre de vue. Vous pouvez le faire !

1.

2.

3.

Signature:

Date:

SEMAINE 1

Mais vous recevrez une puissance,

le Saint-Esprit survenant sur vous,

et vous serez mes témoins à Jérusalem,

dans toute la Judée, dans la Samarie,

et jusqu'aux extrémités de la terre.

ACTES 1:8

PRIÈRE

Cette semaine, concentrez vos prières sur les membres de votre famille.

LUNDI

MARDI

MERCREDI

JEUDI

VENDREDI

DÉFI

L'église primitive se composait d'un groupe de croyants qui se réunissaient régulièrement et partageait tout ce qu'ils possédaient. Cette semaine, engagez-vous à vous réunir avec un groupe de croyants au cours des trois mois à venir. Planifiez et imaginez ensemble des solutions créatives pour intégrer les rencontres dans votre vie.

LUNDI
Écritures de la Semaine 1

Actes 1

1 Théophile, j'ai parlé, dans mon premier livre, de tout ce que Jésus a commencé de faire et d'enseigner dès le commencement 2 jusqu'au jour où il fut enlevé au ciel, après avoir donné ses ordres, par le Saint-Esprit, aux apôtres qu'il avait choisis. 3 Après qu'il eut souffert, il leur apparut vivant, et leur en donna plusieurs preuves, se montrant à eux pendant quarante jours, et parlant des choses qui concernent le royaume de Dieu. 4 Comme il se trouvait avec eux, il leur recommanda de ne pas s'éloigner de Jérusalem, mais d'attendre ce que le Père avait promis, ce que je vous ai annoncé, leur dit-il; 5 car Jean a baptisé d'eau, mais vous, dans peu de jours, vous serez baptisés du Saint-Esprit.

6 Alors les apôtres réunis lui demandèrent: Seigneur, est-ce en ce temps que tu rétabliras le royaume d'Israël? 7 Il leur répondit: Ce n'est pas à vous de connaître les temps ou les moments que le Père a fixés de sa propre autorité. 8 Mais vous recevrez une puissance, le Saint-Esprit survenant sur vous, et vous serez mes témoins à Jérusalem, dans toute la Judée, dans la Samarie, et jusqu'aux extrémités de la terre. 9 Après avoir dit cela, il fut élevé pendant qu'ils le regardaient, et une nuée le déroba à leurs yeux. 10 Et comme ils avaient les regards fixés vers le ciel pendant qu'il s'en allait, voici, deux hommes vêtus de blanc leur apparurent, 11 et dirent: Hommes Galiléens, pourquoi vous arrêtez-vous à regarder au ciel? Ce Jésus, qui a été enlevé au ciel du milieu de vous, viendra de la même manière que vous l'avez vu allant au ciel.

12 Alors ils retournèrent à Jérusalem, de la montagne appelée des oliviers, qui est près de Jérusalem, à la distance d'un chemin de sabbat. 13 Quand ils furent arrivés, ils montèrent dans la chambre haute où ils se tenaient d'ordinaire; c'étaient Pierre, Jean, Jacques, André, Philippe, Thomas, Barthélemy, Matthieu, Jacques, fils d'Alphée, Simon le Zélote, et Jude, fils de Jacques. 14 Tous d'un commun accord persévéraient dans la prière, avec les femmes, et Marie, mère de Jésus, et avec les frères de Jésus. 15 En ces jours-là, Pierre se leva au milieu des frères, le nombre des personnes réunies étant d'environ cent vingt. Et il dit: 16 Hommes frères, il fallait que s'accomplît ce que le Saint-Esprit, dans l'Ecriture, a annoncé d'avance, par la bouche de David, au sujet de Judas, qui a été le guide de ceux qui ont saisi Jésus. 17 Il était compté parmi nous, et il avait part au même ministère. 18 Cet homme, ayant acquis un champ avec le salaire du crime, est tombé, s'est rompu par le milieu du corps, et toutes ses entrailles se sont répandues. 19 La chose a été si connue de tous les habitants de Jérusalem que ce champ a été appelé dans leur langue Hakeldama, c'est-à-dire, champ du sang. 20 Or, il est écrit dans le livre des Psaumes: Que sa demeure devienne déserte, Et que personne ne l'habite! Et: Qu'un autre prenne sa charge! 21 Il faut donc que, parmi ceux qui nous ont accompagnés tout le temps que le Seigneur Jésus a vécu avec nous, 22 depuis le baptême de Jean jusqu'au jour où il a été enlevé du milieu de nous, il y en ait un qui nous soit associé comme témoin de sa résurrection. 23 Ils en présentèrent deux: Joseph appelé Barsabbas, surnommé Justus, et Matthias. 24 Puis ils firent cette prière: Seigneur, toi qui connais les coeurs de tous, désigne lequel de ces deux tu as choisi, 25 afin qu'il ait part à ce ministère et à cet apostolat, que Judas a abandonné pour aller en son lieu. 26 Ils tirèrent au sort, et le sort tomba sur Matthias, qui fut associé aux onze apôtres.

LUNDI

A LIRE :
Actes 1

SOAP :
Actes 1 :7–8

Écritures

RECOPIEZ LE
PASSAGE DU JOUR
À LA MAIN.

Observations

NOTEZ 1 OU 2
OBSERVATIONS
TIRÉES DE CE
PASSAGE.

Applications

NOTEZ 1 OU 2
APPLICATIONS
CONCRÈTES TIRÉES
DE CE PASSAGE.

Prière

ÉCRIVEZ UNE
PRIÈRE CONCERNANT
CE QUE VOUS AVEZ
APPRIS DU PASSAGE
D'AUJOURD'HUI.

MARDI

Écritures de la Semaine 1

Actes 2

1 Le jour de la Pentecôte, ils étaient tous ensemble dans le même lieu. 2 Tout à coup il vint du ciel un bruit comme celui d'un vent impétueux, et il remplit toute la maison où ils étaient assis. 3 Des langues, semblables à des langues de feu, leur apparurent, séparées les unes des autres, et se posèrent sur chacun d'eux. 4 Et ils furent tous remplis du Saint-Esprit, et se mirent à parler en d'autres langues, selon que l'Esprit leur donnait de s'exprimer.

5 Or, il y avait en séjour à Jérusalem des Juifs, hommes pieux, de toutes les nations qui sont sous le ciel. 6 Au bruit qui eut lieu, la multitude accourut, et elle fut confondue parce que chacun les entendait parler dans sa propre langue. 7 Ils étaient tous dans l'étonnement et la surprise, et ils se disaient les uns aux autres: Voici, ces gens qui parlent ne sont-ils pas tous Galiléens? 8 Et comment les entendons-nous dans notre propre langue à chacun, dans notre langue maternelle? 9 Parthes, Mèdes, Elamites, ceux qui habitent la Mésopotamie, la Judée, la Cappadoce, le Pont, l'Asie, 10 la Phrygie, la Pamphylie, l'Egypte, le territoire de la Libye voisine de Cyrène, et ceux qui sont venus de Rome, Juifs et prosélytes, 11 Crétois et Arabes, comment les entendons-nous parler dans nos langues des merveilles de Dieu? 12 Ils étaient tous dans l'étonnement, et, ne sachant que penser, ils se disaient les uns aux autres: Que veut dire ceci? 13 Mais d'autres se moquaient, et disaient: Ils sont pleins de vin doux.

14 Alors Pierre, se présentant avec les onze, éleva la voix, et leur parla en ces termes: Hommes Juifs, et vous tous qui séjournez à Jérusalem, sachez ceci, et prêtez l'oreille à mes paroles! 15 Ces gens ne sont pas ivres, comme vous le supposez, car c'est la troisième heure du jour. 16 Mais c'est ici ce qui a été dit par le prophète Joël:

17 Dans les derniers jours, dit Dieu,
je répandrai de mon Esprit sur toute chair;
Vos fils et vos filles prophétiseront,
Vos jeunes gens auront des visions,
Et vos vieillards auront des songes.

18 Oui, sur mes serviteurs et sur mes servantes,
Dans ces jours-là, je répandrai de mon Esprit;
et ils prophétiseront.

19 Je ferai paraître des prodiges en haut dans le ciel
et des miracles en bas sur la terre,
Du sang, du feu, et une vapeur de fumée;

20 Le soleil se changera en ténèbres, Et la lune en sang,
Avant l'arrivée du jour du Seigneur,
De ce jour grand et glorieux.

21 Alors quiconque invoquera le nom du Seigneur sera sauvé.

22 Hommes Israélites, écoutez ces paroles! Jésus de Nazareth, cet homme à qui Dieu a rendu témoignage devant vous par les miracles, les prodiges et les signes qu'il a opérés par lui au milieu de vous, comme vous le savez vous-mêmes; 23 cet homme, livré selon le dessein arrêté et selon la prescience de Dieu, vous l'avez crucifié, vous l'avez fait mourir par la main des impies.

24 Dieu l'a ressuscité, en le délivrant des liens de la mort, parce qu'il n'était pas possible qu'il fût retenu par elle. 25 Car David dit de lui:

Je voyais constamment le Seigneur devant moi,
Parce qu'il est à ma droite, afin que je ne sois point ébranlé.

26 Aussi mon coeur est dans la joie, et ma langue dans l'allégresse;
Et même ma chair reposera avec espérance,

27 Car tu n'abandonneras pas mon âme dans le séjour des morts,
Et tu ne permettras pas que ton Saint voie la corruption.

28 Tu m'as fait connaître les sentiers de la vie,
Tu me rempliras de joie par ta présence.

29 Hommes frères, qu'il me soit permis de vous dire librement, au sujet du patriarche David, qu'il est mort, qu'il a été enseveli, et que son sépulcre existe encore aujourd'hui parmi nous. 30 Comme il était prophète, et qu'il savait que Dieu lui avait promis avec serment de faire asseoir un de ses descendants sur son trône, 31 c'est la résurrection du Christ qu'il a prévue et annoncée, en disant qu'il ne serait pas abandonné dans le séjour des morts et que sa chair ne verrait pas la corruption. 32 C'est ce Jésus que Dieu a ressuscité; nous en sommes tous témoins. 33 Elevé par la droite de Dieu, il a reçu du Père le Saint-Esprit qui avait été promis, et il l'a répandu, comme vous le voyez et l'entendez. 34 Car David n'est point monté au ciel, mais il dit lui-même:

Le Seigneur a dit à mon Seigneur:

Assieds-toi à ma droite,

35 Jusqu'à ce que je fasse de tes ennemis ton marchepied.

36 Que toute la maison d'Israël sache donc avec certitude que Dieu a fait Seigneur et Christ ce Jésus que vous avez crucifié.

37 Après avoir entendu ce discours, ils eurent le coeur vivement touché, et ils dirent à Pierre et aux autres apôtres: Hommes frères, que ferons-nous? 38 Pierre leur dit: Repentez-vous, et que chacun de vous soit baptisé au nom de Jésus-Christ, pour le pardon de vos péchés; et vous recevrez le don du Saint-Esprit. 39 Car la promesse est pour vous, pour vos enfants, et pour tous ceux qui sont au loin, en aussi grand nombre que le Seigneur notre Dieu les appellera. 40 Et, par plusieurs autres paroles, il les conjurait et les exhortait, disant: Sauvez-vous de cette génération perverse. 41 Ceux qui acceptèrent sa parole furent baptisés; et, en ce jour-là, le nombre des disciples s'augmenta d'environ trois mille âmes.

42 Ils persévéraient dans l'enseignement des apôtres, dans la communion fraternelle, dans la fraction du pain, et dans les prières. 43 La crainte s'emparait de chacun, et il se faisait beaucoup de prodiges et de miracles par les apôtres. 44 Tous ceux qui croyaient étaient dans le même lieu, et ils avaient tout en commun. 45 Ils vendaient leurs propriétés et leurs biens, et ils en partageaient le produit entre tous, selon les besoins de chacun. 46 Ils étaient chaque jour tous ensemble assidus au temple, ils rompaient le pain dans les maisons, et prenaient leur nourriture avec joie et simplicité de coeur, 47 louant Dieu, et trouvant grâce auprès de tout le peuple. Et le Seigneur ajoutait chaque jour à l'Eglise ceux qui étaient sauvés.

NOTES

MARDI

A LIRE :
Actes 2

SOAP :
Actes 2 :42–43

Écritures

RECOPIEZ LE
PASSAGE DU JOUR
À LA MAIN.

Observations

NOTEZ 1 OU 2
OBSERVATIONS
TIRÉES DE CE
PASSAGE.

Applications

NOTEZ 1 OU 2
APPLICATIONS
CONCRÈTES TIRÉES
DE CE PASSAGE.

Prière

ÉCRIVEZ UNE
PRIÈRE CONCERNANT
CE QUE VOUS AVEZ
APPRIS DU PASSAGE
D'AUJOURD'HUI.

MERCREDI
Écritures de la Semaine 1

Actes 3

1 Pierre et Jean montaient ensemble au temple, à l'heure de la prière: c'était la neuvième heure. 2 Il y avait un homme boiteux de naissance, qu'on portait et qu'on plaçait tous les jours à la porte du temple appelée la Belle, pour qu'il demandât l'aumône à ceux qui entraient dans le temple. 3 Cet homme, voyant Pierre et Jean qui allaient y entrer, leur demanda l'aumône. 4 Pierre, de même que Jean, fixa les yeux sur lui, et dit: Regarde-nous. 5 Et il les regardait attentivement, s'attendant à recevoir d'eux quelque chose. 6 Alors Pierre lui dit: Je n'ai ni argent, ni or; mais ce que j'ai, je te le donne: au nom de Jésus-Christ de Nazareth, lève-toi et marche. 7 Et le prenant par la main droite, il le fit lever. Au même instant, ses pieds et ses chevilles devinrent fermes; 8 d'un saut il fut debout, et il se mit à marcher. Il entra avec eux dans le temple, marchant, sautant, et louant Dieu. 9 Tout le monde le vit marchant et louant Dieu. 10 Ils reconnaissaient que c'était celui qui était assis à la Belle porte du temple pour demander l'aumône, et ils furent remplis d'étonnement et de surprise au sujet de ce qui lui était arrivé.

11 Comme il ne quittait pas Pierre et Jean, tout le peuple étonné accourut vers eux, au portique dit de Salomon. 12 Pierre, voyant cela, dit au peuple: Hommes Israélites, pourquoi vous étonnez-vous de cela? Pourquoi avez-vous les regards fixés sur nous, comme si c'était par notre propre puissance ou par notre piété que nous eussions fait marcher cet homme? 13 Le Dieu d'Abraham, d'Isaac et de Jacob, le Dieu de nos pères, a glorifié son serviteur Jésus, que vous avez livré et renié devant Pilate, qui était d'avis qu'on le relâchât. 14 Vous avez renié le Saint et le Juste, et vous avez demandé qu'on vous accordât la grâce d'un meurtrier. 15 Vous avez fait mourir le Prince de la vie, que Dieu a ressuscité des morts; nous en sommes témoins. 16 C'est par la foi en son nom que son nom a raffermi celui que vous voyez et connaissez; c'est la foi en lui qui a donné à cet homme cette entière guérison, en présence de vous tous. 17 Et maintenant, frères, je sais que vous avez agi par ignorance, ainsi que vos chefs. 18 Mais Dieu a accompli de la sorte ce qu'il avait annoncé d'avance par la bouche de tous ses prophètes, que son Christ devait souffrir. 19 Repentez-vous donc et convertissez-vous, pour que vos péchés soient effacés, afin que des temps de rafraîchissement viennent de la part du Seigneur, 20 et qu'il envoie celui qui vous a été destiné, Jésus-Christ, 21 que le ciel doit recevoir jusqu'aux temps du rétablissement de toutes choses, dont Dieu a parlé anciennement par la bouche de ses saints prophètes. 22 Moïse a dit: Le Seigneur votre Dieu vous suscitera d'entre vos frères un prophète comme moi; vous l'écouterez dans tout ce qu'il vous dira, 23 et quiconque n'écoutera pas ce prophète sera exterminé du milieu du peuple. 24 Tous les prophètes qui ont successivement parlé, depuis Samuel, ont aussi annoncé ces jours-là. 25 Vous êtes les fils des prophètes et de l'alliance que Dieu a traitée avec nos pères, en disant à Abraham: Toutes les familles de la terre seront bénies en ta postérité. 26 C'est à vous premièrement que Dieu, ayant suscité son serviteur, l'a envoyé pour vous bénir, en détournant chacun de vous de ses iniquités.

MERCREDI

A LIRE :
Actes 3

SOAP :
Actes 3 :16

Écritures

RECOPIEZ LE
PASSAGE DU JOUR
À LA MAIN.

.

Observations

NOTEZ 1 OU 2
OBSERVATIONS
TIRÉES DE CE
PASSAGE.

Applications

NOTEZ 1 OU 2
APPLICATIONS
CONCRÈTES TIRÉES
DE CE PASSAGE.

Prière

ÉCRIVEZ UNE
PRIÈRE CONCERNANT
CE QUE VOUS AVEZ
APPRIS DU PASSAGE
D'AUJOURD'HUI.

JEUDI

Écritures de la Semaine 1

Actes 4

1 Tandis que Pierre et Jean parlaient au peuple, survinrent les sacrificateurs, le commandant du temple, et les sadducéens, 2 mécontents de ce qu'ils enseignaient le peuple, et annonçaient en la personne de Jésus la résurrection des morts. 3 Ils mirent les mains sur eux, et ils les jetèrent en prison jusqu'au lendemain; car c'était déjà le soir. 4 Cependant, beaucoup de ceux qui avaient entendu la parole crurent, et le nombre des hommes s'éleva à environ cinq mille.

5 Le lendemain, les chefs du peuple, les anciens et les scribes, 6 s'assemblèrent à Jérusalem, avec Anne, le souverain sacrificateur, Caïphe, Jean, Alexandre, et tous ceux qui étaient de la race des principaux sacrificateurs. 7 Ils firent placer au milieu d'eux Pierre et Jean, et leur demandèrent: Par quel pouvoir, ou au nom de qui avez-vous fait cela? 8 Alors Pierre, rempli du Saint-Esprit, leur dit: Chefs du peuple, et anciens d'Israël, 9 puisque nous sommes interrogés aujourd'hui sur un bienfait accordé à un homme malade, afin que nous disions comment il a été guéri, 10 sachez-le tous, et que tout le peuple d'Israël le sache! C'est par le nom de Jésus-Christ de Nazareth, que vous avez crucifié, et que Dieu a ressuscité des morts, c'est par lui que cet homme se présente en pleine santé devant vous. 11 Jésus est La pierre rejetée par vous qui bâtissez, Et qui est devenue la principale de l'angle. 12 Il n'y a de salut en aucun autre; car il n'y a sous le ciel aucun autre nom qui ait été donné parmi les hommes, par lequel nous devions être sauvés.

13 Lorsqu'ils virent l'assurance de Pierre et de Jean, ils furent étonnés, sachant que c'étaient des hommes du peuple sans instruction; et ils les reconnurent pour avoir été avec Jésus. 14 Mais comme ils voyaient là près d'eux l'homme qui avait été guéri, ils n'avaient rien à répliquer. 15 Ils leur ordonnèrent de sortir du sanhédrin, et ils délibérèrent entre eux, 16 disant: Que ferons-nous à ces hommes? Car il est manifeste pour tous les habitants de Jérusalem qu'un miracle signalé a été accompli par eux, et nous ne pouvons pas le nier. 17 Mais, afin que la chose ne se répande pas davantage parmi le peuple, défendons-leur avec menaces de parler désormais à qui que ce soit en ce nom-là. 18 Et les ayant appelés, ils leur défendirent absolument de parler et d'enseigner au nom de Jésus. 19 Pierre et Jean leur répondirent: Jugez s'il est juste, devant Dieu, de vous obéir plutôt qu'à Dieu; 20 car nous ne pouvons pas ne pas parler de ce que nous avons vu et entendu. 21 Ils leur firent de nouvelles menaces, et les relâchèrent, ne sachant comment les punir, à cause du peuple, parce que tous glorifiaient Dieu de ce qui était arrivé. 22 Car l'homme qui avait été l'objet de cette guérison miraculeuse était âgé de plus de quarante ans.

23 Après avoir été relâchés, ils allèrent vers les leurs, et racontèrent tout ce que les principaux sacrificateurs et les anciens leur avaient dit. 24 Lorsqu'ils l'eurent entendu, ils élevèrent à Dieu la voix tous ensemble, et dirent: Seigneur, toi qui as fait le ciel, la terre, la mer, et tout ce qui s'y trouve, 25 c'est toi qui as dit par le Saint-Esprit, par la bouche de notre père, ton serviteur David:

Pourquoi ce tumulte parmi les nations,
Et ces vaines pensées parmi les peuples?

26 Les rois de la terre se sont soulevés,
Et les princes se sont ligués
Contre le Seigneur et contre son Oint.

27 En effet, contre ton saint serviteur Jésus, que tu as oint, Hérode et Ponce Pilate se sont ligués dans cette ville avec les nations et avec les peuples d'Israël, 28 pour faire tout ce que ta

main et ton conseil avaient arrêté d'avance. 29 Et maintenant, Seigneur, vois leurs menaces, et donne à tes serviteurs d'annoncer ta parole avec une pleine assurance, 30 en étendant ta main, pour qu'il se fasse des guérisons, des miracles et des prodiges, par le nom de ton saint serviteur Jésus. 31 Quand ils eurent prié, le lieu où ils étaient assemblés trembla; ils furent tous remplis du Saint-Esprit, et ils annonçaient la parole de Dieu avec assurance.

32 La multitude de ceux qui avaient cru n'était qu'un coeur et qu'une âme. Nul ne disait que ses biens lui appartinssent en propre, mais tout était commun entre eux. 33 Les apôtres rendaient avec beaucoup de force témoignage de la résurrection du Seigneur Jésus. Et une grande grâce reposait sur eux tous. 34 Car il n'y avait parmi eux aucun indigent: tous ceux qui possédaient des champs ou des maisons les vendaient, apportaient le prix de ce qu'ils avaient vendu, 35 et le déposaient aux pieds des apôtres; et l'on faisait des distributions à chacun selon qu'il en avait besoin. 36 Joseph, surnommé par les apôtres Barnabas, ce qui signifie fils d'exhortation, Lévite, originaire de Chypre, 37 vendit un champ qu'il possédait, apporta l'argent, et le déposa aux pieds des apôtres.

NOTES

JEUDI

A LIRE :
Actes 4

SOAP :
Actes 4 :19–20

Écritures

RECOPIEZ LE
PASSAGE DU JOUR
À LA MAIN.

Observations

NOTEZ 1 OU 2
OBSERVATIONS
TIRÉES DE CE
PASSAGE.

Applications

NOTEZ 1 OU 2
APPLICATIONS
CONCRÈTES TIRÉES
DE CE PASSAGE.

Prière

ÉCRIVEZ UNE
PRIÈRE CONCERNANT
CE QUE VOUS AVEZ
APPRIS DU PASSAGE
D'AUJOURD'HUI.

VENDREDI

Écritures de la Semaine 1

Actes 5

1 Mais un homme nommé Ananias, avec Saphira sa femme, vendit une propriété, 2 et retint une partie du prix, sa femme le sachant; puis il apporta le reste, et le déposa aux pieds des apôtres. 3 Pierre lui dit: Ananias, pourquoi Satan a-t-il rempli ton coeur, au point que tu mentes au Saint-Esprit, et que tu aies retenu une partie du prix du champ? 4 S'il n'eût pas été vendu, ne te restait-il pas? Et, après qu'il a été vendu, le prix n'était-il pas à ta disposition? Comment as-tu pu mettre en ton coeur un pareil dessein? Ce n'est pas à des hommes que tu as menti, mais à Dieu.

5 Ananias, entendant ces paroles, tomba, et expira. Une grande crainte saisit tous les auditeurs. 6 Les jeunes gens, s'étant levés, l'enveloppèrent, l'emportèrent, et l'ensevelirent. 7 Environ trois heures plus tard, sa femme entra, sans savoir ce qui était arrivé. 8 Pierre lui adressa la parole: Dis-moi, est-ce à un tel prix que vous avez vendu le champ? Oui, répondit-elle, c'est à ce prix-là. 9 Alors Pierre lui dit: Comment vous êtes-vous accordés pour tenter l'Esprit du Seigneur? Voici, ceux qui ont enseveli ton mari sont à la porte, et ils t'emporteront. 10 Au même instant, elle tomba aux pieds de l'apôtre, et expira. Les jeunes gens, étant entrés, la trouvèrent morte; ils l'emportèrent, et l'ensevelirent auprès de son mari. 11 Une grande crainte s'empara de toute l'assemblée et de tous ceux qui apprirent ces choses.

12 Beaucoup de miracles et de prodiges se faisaient au milieu du peuple par les mains des apôtres. Ils se tenaient tous ensemble au portique de Salomon, 13 et aucun des autres n'osait se joindre à eux; mais le peuple les louait hautement. 14 Le nombre de ceux qui croyaient au Seigneur, hommes et femmes, s'augmentait de plus en plus; 15 en sorte qu'on apportait les malades dans les rues et qu'on les plaçait sur des lits et des couchettes, afin que, lorsque Pierre passerait, son ombre au moins couvrît quelqu'un d'eux. 16 La multitude accourait aussi des villes voisines à Jérusalem, amenant des malades et des gens tourmentés par des esprits impurs; et tous étaient guéris.

17 Cependant le souverain sacrificateur et tous ceux qui étaient avec lui, savoir le parti des sadducéens, se levèrent, remplis de jalousie, 18 mirent les mains sur les apôtres, et les jetèrent dans la prison publique. 19 Mais un ange du Seigneur, ayant ouvert pendant la nuit les portes de la prison, les fit sortir, et leur dit: 20 Allez, tenez-vous dans le temple, et annoncez au peuple toutes les paroles de cette vie. 21 Ayant entendu cela, ils entrèrent dès le matin dans le temple, et se mirent à enseigner.

Le souverain sacrificateur et ceux qui étaient avec lui étant survenus, ils convoquèrent le sanhédrin et tous les anciens des fils d'Israël, et ils envoyèrent chercher les apôtres à la prison. 22 Les huissiers, à leur arrivée, ne les trouvèrent point dans la prison. Ils s'en retournèrent, et firent leur rapport, 23 en disant: Nous avons trouvé la prison soigneusement fermée, et les gardes qui étaient devant les portes; mais, après avoir ouvert, nous n'avons trouvé personne dedans. 24 Lorsqu'ils eurent entendu ces paroles, le commandant du temple et les principaux sacrificateurs ne savaient que penser des apôtres et des suites de cette affaire. 25 Quelqu'un vint leur dire: Voici, les hommes que vous avez mis en prison sont dans le temple, et ils enseignent le peuple. 26 Alors le commandant partit avec les huissiers, et les conduisit sans violence, car ils avaient peur d'être lapidés par le peuple.

27 Après qu'ils les eurent amenés en présence du sanhédrin, le souverain sacrificateur les interrogea 28 en ces termes: Ne vous avons-nous pas défendu expressément d'enseigner en ce nom-là? Et voici, vous avez rempli Jérusalem de votre enseignement, et vous voulez faire

retomber sur nous le sang de cet homme! 29 Pierre et les apôtres répondirent: Il faut obéir à Dieu plutôt qu'aux hommes. 30 Le Dieu de nos pères a ressuscité Jésus, que vous avez tué, en le pendant au bois. 31 Dieu l'a élevé par sa droite comme Prince et Sauveur, pour donner à Israël la repentance et le pardon des péchés. 32 Nous sommes témoins de ces choses, de même que le Saint-Esprit, que Dieu a donné à ceux qui lui obéissent.

33 Furieux de ces paroles, ils voulaient les faire mourir. 34 Mais un pharisien, nommé Gamaliel, docteur de la loi, estimé de tout le peuple, se leva dans le sanhédrin, et ordonna de faire sortir un instant les apôtres. 35 Puis il leur dit: Hommes Israélites, prenez garde à ce que vous allez faire à l'égard de ces gens. 36 Car, il n'y a pas longtemps que parut Theudas, qui se donnait pour quelque chose, et auquel se rallièrent environ quatre cents hommes: il fut tué, et tous ceux qui l'avaient suivi furent mis en déroute et réduits à rien. 37 Après lui, parut Judas le Galiléen, à l'époque du recensement, et il attira du monde à son parti: il périt aussi, et tous ceux qui l'avaient suivi furent dispersés. 38 Et maintenant, je vous le dis ne vous occupez plus de ces hommes, et laissez-les aller. Si cette entreprise ou cette oeuvre vient des hommes, elle se détruira; 39 mais si elle vient de Dieu, vous ne pourrez la détruire. Ne courez pas le risque d'avoir combattu contre Dieu. 40 Ils se rangèrent à son avis. Et ayant appelé les apôtres, ils les firent battre de verges, ils leur défendirent de parler au nom de Jésus, et ils les relâchèrent. 41 Les apôtres se retirèrent de devant le sanhédrin, joyeux d'avoir été jugés dignes de subir des outrages pour le nom de Jésus. 42 Et chaque jour, dans le temple et dans les maisons, ils ne cessaient d'enseigner, et d'annoncer la bonne nouvelle de Jésus-Christ.

NOTES

VENDREDI

A LIRE :
Actes 5

SOAP :
Actes 5 :42

Écritures

RECOPIEZ LE
PASSAGE DU JOUR
À LA MAIN.

Observations

NOTEZ 1 OU 2
OBSERVATIONS
TIRÉES DE CE
PASSAGE.

Applications

NOTEZ 1 OU 2
APPLICATIONS
CONCRÈTES TIRÉES
DE CE PASSAGE.

Prière

ÉCRIVEZ UNE
PRIÈRE CONCERNANT
CE QUE VOUS AVEZ
APPRIS DU PASSAGE
D'AUJOURD'HUI.

QUESTIONS
DE RÉFLEXION

1. Qu'est-ce que cela signifie pour nous d'être les témoins du Christ ? Comment pouvez-vous être un témoin pour Christ aujourd'hui ?

2. Pourquoi la communion avec d'autres chrétiens est-elle importante pour notre foi ? Comment la communion avec les autres encourage-t-elle votre marche avec Christ ?

3. Êtes-vous dévouée à la communion avec d'autres chrétiens ? Si ce n'est pas le cas, que pouvez-vous faire pour que cette pratique soit cohérente dans votre vie ?

4. Comment la foi en Jésus a-t-elle un impact sur votre vie ?

5. Proclamez-vous la Bonne Nouvelle de Jésus-Christ à ceux qui vous entourent ? Comment pouvez-vous enseigner et proclamer fidèlement le Christ comme l'ont fait les premiers disciples ?

NOTES

SEMAINE 2

L'Église était en paix dans toute la Judée, la Galilée et la Samarie, s'édifiant et marchant dans la crainte du Seigneur, et elle s'accroissait par l'assistance du Saint-Esprit.

ACTES 9:31

PRIÈRE

Cette semaine, concentrez vos prières sur votre pays.

LUNDI

MARDI

MERCREDI

JEUDI

VENDREDI

DÉFI

Avec qui pourriez-vous partager l'évangile cette semaine ? Peut-être connaissez-vous quelqu'un qui ne l'a jamais entendu ? Engagez-vous à parler avec cette personne, et demandez à Dieu de vous donner l'occasion de partager l'évangile, et le courage d'aller jusqu'au bout quand l'occasion se présentera.

LUNDI

Écritures de la Semaine 2

Actes 6

1 En ce temps-là, le nombre des disciples augmentant, les Hellénistes murmurèrent contre les Hébreux, parce que leurs veuves étaient négligées dans la distribution qui se faisait chaque jour. 2 Les douze convoquèrent la multitude des disciples, et dirent: Il n'est pas convenable que nous laissions la parole de Dieu pour servir aux tables. 3 C'est pourquoi, frères, choisissez parmi vous sept hommes, de qui l'on rende un bon témoignage, qui soient pleins d'Esprit-Saint et de sagesse, et que nous chargerons de cet emploi. 4 Et nous, nous continuerons à nous appliquer à la prière et au ministère de la parole. 5 Cette proposition plut à toute l'assemblée. Ils élurent Etienne, homme plein de foi et d'Esprit-Saint, Philippe, Prochore, Nicanor, Timon, Parménas, et Nicolas, prosélyte d'Antioche. 6 Ils les présentèrent aux apôtres, qui, après avoir prié, leur imposèrent les mains. 7 La parole de Dieu se répandait de plus en plus, le nombre des disciples augmentait beaucoup à Jérusalem, et une grande foule de sacrificateurs obéissaient à la foi.

8 Etienne, plein de grâce et de puissance, faisait des prodiges et de grands miracles parmi le peuple. 9 Quelques membres de la synagogue dite des Affranchis, de celle des Cyrénéens et de celle des Alexandrins, avec des Juifs de Cilicie et d'Asie, se mirent à discuter avec lui; 10 mais ils ne pouvaient résister à sa sagesse et à l'Esprit par lequel il parlait. 11 Alors ils subornèrent des hommes qui dirent: Nous l'avons entendu proférer des paroles blasphématoires contre Moïse et contre Dieu. 12 Ils émurent le peuple, les anciens et les scribes, et, se jetant sur lui, ils le saisirent, et l'emmenèrent au sanhédrin. 13 Ils produisirent de faux témoins, qui dirent: Cet homme ne cesse de proférer des paroles contre le lieu saint et contre la loi; 14 car nous l'avons entendu dire que Jésus, ce Nazaréen, détruira ce lieu, et changera les coutumes que Moïse nous a données. 15 Tous ceux qui siégeaient au sanhédrin ayant fixé les regards sur Etienne, son visage leur parut comme celui d'un ange.

LUNDI

Écritures

Observations

Applications

NOTEZ 1 OU 2
APPLICATIONS
CONCRÈTES TIRÉES
DE CE PASSAGE.

Prière

ÉCRIVEZ UNE
PRIÈRE CONCERNANT
CE QUE VOUS AVEZ
APPRIS DU PASSAGE
D'AUJOURD'HUI.

MARDI
Écritures de la Semaine 2

Actes 7:1–53

1 Le souverain sacrificateur dit: Les choses sont-elles ainsi? 2 Etienne répondit: Hommes frères et pères, écoutez! Le Dieu de gloire apparut à notre père Abraham, lorsqu'il était en Mésopotamie, avant qu'il s'établît à Charran; 3 et il lui dit: Quitte ton pays et ta famille, et va dans le pays que je te montrerai. 4 Il sortit alors du pays des Chaldéens, et s'établit à Charran. De là, après la mort de son père, Dieu le fit passer dans ce pays que vous habitez maintenant; 5 il ne lui donna aucune propriété en ce pays, pas même de quoi poser le pied, mais il promit de lui en donner la possession, et à sa postérité après lui, quoiqu'il n'eût point d'enfant. 6 Dieu parla ainsi: Sa postérité séjournera dans un pays étranger; on la réduira en servitude et on la maltraitera pendant quatre cents ans. 7 Mais la nation à laquelle ils auront été asservis, c'est moi qui la jugerai, dit Dieu. Après cela, ils sortiront, et ils me serviront dans ce lieu-ci. 8 Puis Dieu donna à Abraham l'alliance de la circoncision; et ainsi, Abraham, ayant engendré Isaac, le circoncit le huitième jour; Isaac engendra et circoncit Jacob, et Jacob les douze patriarches. 9 Les patriarches, jaloux de Joseph, le vendirent pour être emmené en Egypte. Mais Dieu fut avec lui, 10 et le délivra de toutes ses tribulations; il lui donna de la sagesse et lui fit trouver grâce devant Pharaon, roi d'Egypte, qui l'établit gouverneur d'Egypte et de toute sa maison. 11 Il survint une famine dans tout le pays d'Egypte, et dans celui de Canaan. La détresse était grande, et nos pères ne trouvaient pas de quoi se nourrir. 12 Jacob apprit qu'il y avait du blé en Egypte, et il y envoya nos pères une première fois. 13 Et la seconde fois, Joseph fut reconnu par ses frères, et Pharaon sut de quelle famille il était. 14 Puis Joseph envoya chercher son père Jacob, et toute sa famille, composée de soixante-quinze personnes. 15 Jacob descendit en Egypte, où il mourut, ainsi que nos pères; 16 et ils furent transportés à Sichem, et déposés dans le sépulcre qu'Abraham avait acheté, à prix d'argent, des fils d'Hémor, père de Sichem.

17 Le temps approchait où devait s'accomplir la promesse que Dieu avait faite à Abraham, et le peuple s'accrut et se multiplia en Egypte, 18 jusqu'à ce que parut un autre roi, qui n'avait pas connu Joseph. 19 Ce roi, usant d'artifice contre notre race, maltraita nos pères, au point de leur faire exposer leurs enfants, pour qu'ils ne vécussent pas. 20 A cette époque, naquit Moïse, qui était beau aux yeux de Dieu. Il fut nourri trois mois dans la maison de son père; 21 et, quand il eut été exposé, la fille de Pharaon le recueillit, et l'éleva comme son fils. 22 Moïse fut instruit dans toute la sagesse des Egyptiens, et il était puissant en paroles et en oeuvres. 23 Il avait quarante ans, lorsqu'il lui vint dans le coeur de visiter ses frères, les fils d'Israël. 24 Il en vit un qu'on outrageait, et, prenant sa défense, il vengea celui qui était maltraité, et frappa l'Egyptien. 25 Il pensait que ses frères comprendraient que Dieu leur accordait la délivrance par sa main; mais ils ne comprirent pas. 26 Le jour suivant, il parut au milieu d'eux comme ils se battaient, et il les exhorta à la paix: Hommes, dit-il, vous êtes frères; pourquoi vous maltraitez-vous l'un l'autre? 27 Mais celui qui maltraitait son prochain le repoussa, en disant: Qui t'a établi chef et juge sur nous? 28 Veux-tu me tuer, comme tu as tué hier l'Egyptien? 29 A cette parole, Moïse prit la fuite, et il alla séjourner dans le pays de Madian, où il engendra deux fils.

30 Quarante ans plus tard, un ange lui apparut, au désert de la montagne de Sinaï, dans la flamme d'un buisson en feu. 31 Moïse, voyant cela, fut étonné de cette apparition; et, comme il s'approchait pour examiner, la voix du Seigneur se fit entendre: 32 Je suis le Dieu de tes pères, le Dieu d'Abraham, d'Isaac et de Jacob. Et Moïse, tout tremblant, n'osait regarder. 33 Le Seigneur lui dit: Ote tes souliers de tes pieds, car le lieu sur lequel tu te tiens est une terre sainte. 34 J'ai vu la souffrance de mon peuple qui est en Egypte, j'ai entendu ses

gémissements, et je suis descendu pour le délivrer. Maintenant, va, je t'enverrai en Egypte. 35 Ce Moïse, qu'ils avaient renié, en disant: Qui t'a établi chef et juge? c'est lui que Dieu envoya comme chef et comme libérateur avec l'aide de l'ange qui lui était apparu dans le buisson. 36 C'est lui qui les fit sortir d'Egypte, en opérant des prodiges et des miracles au pays d'Egypte, au sein de la mer Rouge, et au désert, pendant quarante ans. 37 C'est ce Moïse qui dit aux fils d'Israël: Dieu vous suscitera d'entre vos frères un prophète comme moi. 38 C'est lui qui, lors de l'assemblée au désert, étant avec l'ange qui lui parlait sur la montagne de Sinaï et avec nos pères, reçut des oracles vivants, pour nous les donner. 39 Nos pères ne voulurent pas lui obéir, ils le repoussèrent, et ils tournèrent leur coeur vers l'Egypte, 40 en disant à Aaron: Fais-nous des dieux qui marchent devant nous; car ce Moïse qui nous a fait sortir du pays d'Egypte, nous ne savons ce qu'il est devenu. 41 Et, en ces jours-là, ils firent un veau, ils offrirent un sacrifice à l'idole, et se réjouirent de l'oeuvre de leurs mains. 42 Alors Dieu se détourna, et les livra au culte de l'armée du ciel, selon qu'il est écrit dans le livre des prophètes: M'avez-vous offert des victimes et des sacrifices Pendant quarante ans au désert, maison d'Israël?... 43 Vous avez porté la tente de Moloch Et l'étoile du dieu Remphan, Ces images que vous avez faites pour les adorer! Aussi vous transporterai-je au delà de Babylone. 44 Nos pères avaient au désert le tabernacle du témoignage, comme l'avait ordonné celui qui dit à Moïse de le faire d'après le modèle qu'il avait vu. 45 Et nos pères, l'ayant reçu, l'introduisirent, sous la conduite de Josué, dans le pays qui était possédé par les nations que Dieu chassa devant eux, et il y resta jusqu'aux jours de David. 46 David trouva grâce devant Dieu, et demanda d'élever une demeure pour le Dieu de Jacob; 47 et ce fut Salomon qui lui bâtit une maison. 48 Mais le Très-Haut n'habite pas dans ce qui est fait de main d'homme, comme dit le prophète:

49 Le ciel est mon trône,
Et la terre mon marchepied.

Quelle maison me bâtirez-vous, dit le Seigneur,
Ou quel sera le lieu de mon repos?

50 N'est-ce pas ma main qui a fait toutes ces choses?

51 Hommes au cou raide, incirconcis de coeur et d'oreilles! vous vous opposez toujours au Saint-Esprit. Ce que vos pères ont été, vous l'êtes aussi. 52 Lequel des prophètes vos pères n'ont-ils pas persécuté? Ils ont tué ceux qui annonçaient d'avance la venue du Juste, que vous avez livré maintenant, et dont vous avez été les meurtriers, 53 vous qui avez reçu la loi d'après des commandements d'anges, et qui ne l'avez point gardée!

Psaume 146:6
6 Il a fait les cieux et la terre,
La mer et tout ce qui s'y trouve.
Il garde la fidélité à toujours.

NOTES

MARDI

A LIRE :
Actes 7 :1–53 ; Psaume 146 :6

SOAP :
Actes 7 :48–50 ; Psaume 146 :6

Écritures

RECOPIEZ LE
PASSAGE DU JOUR
À LA MAIN.

Observations

NOTEZ 1 OU 2
OBSERVATIONS
TIRÉES DE CE
PASSAGE.

Applications

NOTEZ 1 OU 2
APPLICATIONS
CONCRÈTES TIRÉES
DE CE PASSAGE.

Prière

ÉCRIVEZ UNE
PRIÈRE CONCERNANT
CE QUE VOUS AVEZ
APPRIS DU PASSAGE
D'AUJOURD'HUI.

MERCREDI
Écritures de la Semaine 2

Actes 7:54–8:3

54 En entendant ces paroles, ils étaient furieux dans leur coeur, et ils grinçaient des dents contre lui. 55 Mais Etienne, rempli du Saint-Esprit, et fixant les regards vers le ciel, vit la gloire de Dieu et Jésus debout à la droite de Dieu. 56 Et il dit: Voici, je vois les cieux ouverts, et le Fils de l'homme debout à la droite de Dieu. 57 Ils poussèrent alors de grands cris, en se bouchant les oreilles, et ils se précipitèrent tous ensemble sur lui, 58 le traînèrent hors de la ville, et le lapidèrent. Les témoins déposèrent leurs vêtements aux pieds d'un jeune homme nommé Saul. 59 Et ils lapidaient Etienne, qui priait et disait: Seigneur Jésus, reçois mon esprit! 60 Puis, s'étant mis à genoux, il s'écria d'une voix forte: Seigneur, ne leur impute pas ce péché! Et, après ces paroles, il s'endormit. 8:1 Saul avait approuvé le meurtre d'Etienne.

Il y eut, ce jour-là, une grande persécution contre l'Eglise de Jérusalem; et tous, excepté les apôtres, se dispersèrent dans les contrées de la Judée et de la Samarie. 2 Des hommes pieux ensevelirent Etienne, et le pleurèrent à grand bruit. 3 Saul, de son côté, ravageait l'Eglise; pénétrant dans les maisons, il en arrachait hommes et femmes, et les faisait jeter en prison.

Psaume 116:15

15 Elle a du prix aux yeux de l'Eternel, La mort de ceux qui l'aiment.

MERCREDI

A LIRE :
Actes 7 :54–8 :3 ; Psaume 116 :15

SOAP :
Actes 7 :59–60 ; Psaume 116 :15

Écritures

RECOPIEZ LE
PASSAGE DU JOUR
À LA MAIN.

Observations

NOTEZ 1 OU 2
OBSERVATIONS
TIRÉES DE CE
PASSAGE.

Applications

NOTEZ 1 OU 2
APPLICATIONS
CONCRÈTES TIRÉES
DE CE PASSAGE.

Prière

ÉCRIVEZ UNE
PRIÈRE CONCERNANT
CE QUE VOUS AVEZ
APPRIS DU PASSAGE
D'AUJOURD'HUI.

JEUDI

Écritures de la Semaine 2

Acts 8:4-40

4 Ceux qui avaient été dispersés allaient de lieu en lieu, annonçant la bonne nouvelle de la parole. 5 Philippe, étant descendu dans la ville de Samarie, y prêcha le Christ. 6 Les foules tout entières étaient attentives à ce que disait Philippe, lorsqu'elles apprirent et virent les miracles qu'il faisait. 7 Car des esprits impurs sortirent de plusieurs démoniaques, en poussant de grands cris, et beaucoup de paralytiques et de boiteux furent guéris. 8 Et il y eut une grande joie dans cette ville.

9 Il y avait auparavant dans la ville un homme nommé Simon, qui, se donnant pour un personnage important, exerçait la magie et provoquait l'étonnement du peuple de la Samarie. 10 Tous, depuis le plus petit jusqu'au plus grand, l'écoutaient attentivement, et disaient: Celui-ci est la puissance de Dieu, celle qui s'appelle la grande. 11 Ils l'écoutaient attentivement, parce qu'il les avait longtemps étonnés par ses actes de magie. 12 Mais, quand ils eurent cru à Philippe, qui leur annonçait la bonne nouvelle du royaume de Dieu et du nom de Jésus-Christ, hommes et femmes se firent baptiser. 13 Simon lui-même crut, et, après avoir été baptisé, il ne quittait plus Philippe, et il voyait avec étonnement les miracles et les grands prodiges qui s'opéraient.

14 Les apôtres, qui étaient à Jérusalem, ayant appris que la Samarie avait reçu la parole de Dieu, y envoyèrent Pierre et Jean. 15 Ceux-ci, arrivés chez les Samaritains, prièrent pour eux, afin qu'ils reçussent le Saint-Esprit. 16 Car il n'était encore descendu sur aucun d'eux; ils avaient seulement été baptisés au nom du Seigneur Jésus. 17 Alors Pierre et Jean leur imposèrent les mains, et ils reçurent le Saint-Esprit.

18 Lorsque Simon vit que le Saint-Esprit était donné par l'imposition des mains des apôtres, il leur offrit de l'argent, 19 en disant: Accordez-moi aussi ce pouvoir, afin que celui à qui j'imposerai les mains reçoive le Saint-Esprit. 20 Mais Pierre lui dit: Que ton argent périsse avec toi, puisque tu as cru que le don de Dieu s'acquérait à prix d'argent! 21 Il n'y a pour toi ni part ni lot dans cette affaire, car ton coeur n'est pas droit devant Dieu. 22 Repens-toi donc de ta méchanceté, et prie le Seigneur pour que la pensée de ton coeur te soit pardonnée, s'il est possible; 23 car je vois que tu es dans un fiel amer et dans les liens de l'iniquité. 24 Simon répondit: Priez vous-mêmes le Seigneur pour moi, afin qu'il ne m'arrive rien de ce que vous avez dit.

25 Après avoir rendu témoignage à la parole du Seigneur, et après l'avoir prêchée, Pierre et Jean retournèrent à Jérusalem, en annonçant la bonne nouvelle dans plusieurs villages des Samaritains.

26 Un ange du Seigneur, s'adressant à Philippe, lui dit: Lève-toi, et va du côté du midi, sur le chemin qui descend de Jérusalem à Gaza, celui qui est désert. 27 Il se leva, et partit. Et voici, un Ethiopien, un eunuque, ministre de Candace, reine d'Ethiopie, et surintendant de tous ses trésors, venu à Jérusalem pour adorer, 28 s'en retournait, assis sur son char, et lisait le prophète Esaïe. 29 L'Esprit dit à Philippe: Avance, et approche-toi de ce char. 30 Philippe accourut, et entendit l'Ethiopien qui lisait le prophète Esaïe. Il lui dit: Comprends-tu ce que tu lis? 31 Il répondit: Comment le pourrais-je, si quelqu'un ne me guide? Et il invita Philippe à monter et à s'asseoir avec lui. 32 Le passage de l'Ecriture qu'il lisait était celui-ci:

Il a été mené comme une brebis à la boucherie;
Et, comme un agneau muet devant celui qui le tond,
Il n'a point ouvert la bouche.

33 Dans son humiliation, son jugement a été levé.
Et sa postérité, qui la dépeindra?
Car sa vie a été retranchée de la terre.

34 L'eunuque dit à Philippe: Je te prie, de qui le prophète parle-t-il ainsi? Est-ce de lui-même, ou de quelque autre? 35 Alors Philippe, ouvrant la bouche et commençant par ce passage, lui annonça la bonne nouvelle de Jésus. 36 Comme ils continuaient leur chemin, ils rencontrèrent de l'eau. Et l'eunuque dit: Voici de l'eau; qu'est-ce qui empêche que je sois baptisé? 37 Philippe dit: Si tu crois de tout ton coeur, cela est possible. L'eunuque répondit: Je crois que Jésus-Christ est le Fils de Dieu. 38 Il fit arrêter le char; Philippe et l'eunuque descendirent tous deux dans l'eau, et Philippe baptisa l'eunuque. 39 Quand ils furent sortis de l'eau, l'Esprit du Seigneur enleva Philippe, et l'eunuque ne le vit plus. Tandis que, joyeux, il poursuivait sa route, 40 Philippe se trouva dans Azot, d'où il alla jusqu'à Césarée, en évangélisant toutes les villes par lesquelles il passait.

NOTES

JEUDI

A LIRE :
Actes 8 :4–40

SOAP :
Actes 8 :12–13

Écritures

RECOPIEZ LE
PASSAGE DU JOUR
À LA MAIN.

Observations

NOTEZ 1 OU 2
OBSERVATIONS
TIRÉES DE CE
PASSAGE.

Applications

NOTEZ 1 OU 2
APPLICATIONS
CONCRÈTES TIRÉES
DE CE PASSAGE.

Prière

ÉCRIVEZ UNE
PRIÈRE CONCERNANT
CE QUE VOUS AVEZ
APPRIS DU PASSAGE
D'AUJOURD'HUI.

VENDREDI
Écritures de la Semaine 2

Actes 9

1 Cependant Saul, respirant encore la menace et le meurtre contre les disciples du Seigneur, se rendit chez le souverain sacrificateur, 2 et lui demanda des lettres pour les synagogues de Damas, afin que, s'il trouvait des partisans de la nouvelle doctrine, hommes ou femmes, il les amenât liés à Jérusalem. 3 Comme il était en chemin, et qu'il approchait de Damas, tout à coup une lumière venant du ciel resplendit autour de lui. 4 Il tomba par terre, et il entendit une voix qui lui disait: Saul, Saul, pourquoi me persécutes-tu? 5 Il répondit: Qui es-tu, Seigneur? Et le Seigneur dit: Je suis Jésus que tu persécutes. Il te serait dur de regimber contre les aiguillons. 6 Tremblant et saisi d'effroi, il dit: Seigneur, que veux-tu que je fasse? Et le Seigneur lui dit: Lève-toi, entre dans la ville, et on te dira ce que tu dois faire. 7 Les hommes qui l'accompagnaient demeurèrent stupéfaits; ils entendaient bien la voix, mais ils ne voyaient personne. 8 Saul se releva de terre, et, quoique ses yeux fussent ouverts, il ne voyait rien; on le prit par la main, et on le conduisit à Damas. 9 Il resta trois jours sans voir, et il ne mangea ni ne but.

10 Or, il y avait à Damas un disciple nommé Ananias. Le Seigneur lui dit dans une vision: Ananias! Il répondit: Me voici, Seigneur! 11 Et le Seigneur lui dit: Lève-toi, va dans la rue qu'on appelle la droite, et cherche, dans la maison de Judas, un nommé Saul de Tarse. Car il prie, 12 et il a vu en vision un homme du nom d'Ananias, qui entrait, et qui lui imposait les mains, afin qu'il recouvrât la vue. 13 Ananias répondit: Seigneur, j'ai appris de plusieurs personnes tous les maux que cet homme a faits à tes saints dans Jérusalem; 14 et il a ici des pouvoirs, de la part des principaux sacrificateurs, pour lier tous ceux qui invoquent ton nom. 15 Mais le Seigneur lui dit: Va, car cet homme est un instrument que j'ai choisi, pour porter mon nom devant les nations, devant les rois, et devant les fils d'Israël; 16 et je lui montrerai tout ce qu'il doit souffrir pour mon nom. 17 Ananias sortit; et, lorsqu'il fut arrivé dans la maison, il imposa les mains à Saul, en disant: Saul, mon frère, le Seigneur Jésus, qui t'est apparu sur le chemin par lequel tu venais, m'a envoyé pour que tu recouvres la vue et que tu sois rempli du Saint-Esprit. 18 Au même instant, il tomba de ses yeux comme des écailles, et il recouvra la vue. Il se leva, et fut baptisé; 19 et, après qu'il eut pris de la nourriture, les forces lui revinrent.

Saul resta quelques jours avec les disciples qui étaient à Damas. 20 Et aussitôt il prêcha dans les synagogues que Jésus est le Fils de Dieu. 21 Tous ceux qui l'entendaient étaient dans l'étonnement, et disaient: N'est-ce pas celui qui persécutait à Jérusalem ceux qui invoquent ce nom, et n'est-il pas venu ici pour les emmener liés devant les principaux sacrificateurs? 22 Cependant Saul se fortifiait de plus en plus, et il confondait les Juifs qui habitaient Damas, démontrant que Jésus est le Christ.

23 Au bout d'un certain temps, les Juifs se concertèrent pour le tuer, 24 et leur complot parvint à la connaissance de Saul. On gardait les portes jour et nuit, afin de lui ôter la vie. 25 Mais, pendant une nuit, les disciples le prirent, et le descendirent par la muraille, dans une corbeille.

26 Lorsqu'il se rendit à Jérusalem, Saul tâcha de se joindre à eux; mais tous le craignaient, ne croyant pas qu'il fût un disciple. 27 Alors Barnabas, l'ayant pris avec lui, le conduisit vers les apôtres, et leur raconta comment sur le chemin Saul avait vu le Seigneur, qui lui avait parlé, et comment à Damas il avait prêché franchement au nom de Jésus. 28 Il allait et venait avec eux dans Jérusalem, 29 et s'exprimait en toute assurance au nom du Seigneur. Il parlait aussi et disputait avec les Hellénistes; mais ceux-ci cherchaient à lui ôter la vie. 30 Les frères,

l'ayant su, l'emmenèrent à Césarée, et le firent partir pour Tarse.

31 L'Eglise était en paix dans toute la Judée, la Galilée et la Samarie, s'édifiant et marchant dans la crainte du Seigneur, et elle s'accroissait par l'assistance du Saint-Esprit.

32 Comme Pierre visitait tous les saints, il descendit aussi vers ceux qui demeuraient à Lydde. 33 Il y trouva un homme nommé Enée, couché sur un lit depuis huit ans, et paralytique. 34 Pierre lui dit: Enée, Jésus-Christ te guérit; lève-toi, et arrange ton lit. Et aussitôt il se leva. 35 Tous les habitants de Lydde et du Saron le virent, et ils se convertirent au Seigneur.

36 Il y avait à Joppé, parmi les disciples, une femme nommée Tabitha, ce qui signifie Dorcas: elle faisait beaucoup de bonnes oeuvres et d'aumônes. 37 Elle tomba malade en ce temps-là, et mourut. Après l'avoir lavée, on la déposa dans une chambre haute. 38 Comme Lydde est près de Joppé, les disciples, ayant appris que Pierre s'y trouvait, envoyèrent deux hommes vers lui, pour le prier de venir chez eux sans tarder. 39 Pierre se leva, et partit avec ces hommes. Lorsqu'il fut arrivé, on le conduisit dans la chambre haute. Toutes les veuves l'entourèrent en pleurant, et lui montrèrent les tuniques et les vêtements que faisait Dorcas pendant qu'elle était avec elles. 40 Pierre fit sortir tout le monde, se mit à genoux, et pria; puis, se tournant vers le corps, il dit: Tabitha, lève-toi! Elle ouvrit les yeux, et ayant vu Pierre, elle s'assit. 41 Il lui donna la main, et la fit lever. Il appela ensuite les saints et les veuves, et la leur présenta vivante. 42 Cela fut connu de tout Joppé, et beaucoup crurent au Seigneur. 43 Pierre demeura quelque temps à Joppé, chez un corroyeur nommé Simon.

NOTES

VENDREDI

A LIRE :
Actes 9

SOAP :
Actes 9 :31

Écritures

RECOPIEZ LE
PASSAGE DU JOUR
À LA MAIN.

Observations

NOTEZ 1 OU 2
OBSERVATIONS
TIRÉES DE CE
PASSAGE.

Applications

NOTEZ 1 OU 2
APPLICATIONS
CONCRÈTES TIRÉES
DE CE PASSAGE.

Prière

ÉCRIVEZ UNE
PRIÈRE CONCERNANT
CE QUE VOUS AVEZ
APPRIS DU PASSAGE
D'AUJOURD'HUI.

QUESTIONS DE RÉFLEXION

1. Qu'est-ce que cela signifie d'être un disciple du Christ ? En quoi être disciple de Jésus est-il différent de suivre Jésus aujourd'hui, ou est-ce la même chose ?

2. Comment le courage et la fidélité de Stephen vous encouragent ?

3. Avez-vous déjà été persécutée ? Comment pouvez-vous prier pour les chrétiens du monde entier qui sont persécuté à cause de leur foi?

4. Êtes-vous émerveillées des miracles que Dieu fait dans votre vie? Comment pouvez-vous être plus consciente des miracles accomplis par le Seigneur dans votre vie de tous les jours ?

5. Qu'est-ce que cela signifie de mener une vie encouragée par le Saint-Esprit?

NOTES

SEMAINE 3

---

*Cependant la parole de Dieu
se répandait de plus en plus, et le
nombre des disciples augmentait.*

ACTES 12:24

PRIÈRE

Cette semaine, concentrez vos prières sur vos amis.

LUNDI

MARDI

MERCREDI

JEUDI

VENDREDI

DÉFI

L'église primitive se développait parce que les croyants continuaient de répandre l'évangile.
Par quel moyen pouvez-vous répandre l'évangile dans votre entourage ?

LUNDI

Écritures de la Semaine 3

Actes 10

1 Il y avait à Césarée un homme nommé Corneille, centenier dans la cohorte dite italienne. 2 Cet homme était pieux et craignait Dieu, avec toute sa maison; il faisait beaucoup d'aumônes au peuple, et priait Dieu continuellement. 3 Vers la neuvième heure du jour, il vit clairement dans une vision un ange de Dieu qui entra chez lui, et qui lui dit: Corneille! 4 Les regards fixés sur lui, et saisi d'effroi, il répondit: Qu'est-ce, Seigneur? Et l'ange lui dit: Tes prières et tes aumônes sont montées devant Dieu, et il s'en est souvenu. 5 Envoie maintenant des hommes à Joppé, et fais venir Simon, surnommé Pierre; 6 il est logé chez un certain Simon, corroyeur, dont la maison est près de la mer. 7 Dès que l'ange qui lui avait parlé fut parti, Corneille appela deux de ses serviteurs, et un soldat pieux d'entre ceux qui étaient attachés à sa personne; 8 et, après leur avoir tout raconté, il les envoya à Joppé.

9 Le lendemain, comme ils étaient en route, et qu'ils approchaient de la ville, Pierre monta sur le toit, vers la sixième heure, pour prier. 10 Il eut faim, et il voulut manger. Pendant qu'on lui préparait à manger, il tomba en extase. 11 Il vit le ciel ouvert, et un objet semblable à une grande nappe attachée par les quatre coins, qui descendait et s'abaissait vers la terre, 12 et où se trouvaient tous les quadrupèdes et les reptiles de la terre et les oiseaux du ciel. 13 Et une voix lui dit: Lève-toi, Pierre, tue et mange. 14 Mais Pierre dit: Non, Seigneur, car je n'ai jamais rien mangé de souillé ni d'impur. 15 Et pour la seconde fois la voix se fit encore entendre à lui: Ce que Dieu a déclaré pur, ne le regarde pas comme souillé. 16 Cela arriva jusqu'à trois fois; et aussitôt après, l'objet fut retiré dans le ciel.

17 Tandis que Pierre ne savait en lui-même que penser du sens de la vision qu'il avait eue, voici, les hommes envoyés par Corneille, s'étant informés de la maison de Simon, se présentèrent à la porte, 18 et demandèrent à haute voix si c'était là que logeait Simon, surnommé Pierre. 19 Et comme Pierre était à réfléchir sur la vision, l'Esprit lui dit: Voici, trois hommes te demandent; 20 lève-toi, descends, et pars avec eux sans hésiter, car c'est moi qui les ai envoyés. 21 Pierre donc descendit, et il dit à ces hommes: Voici, je suis celui que vous cherchez; quel est le motif qui vous amène? 22 Ils répondirent: Corneille, centenier, homme juste et craignant Dieu, et de qui toute la nation des Juifs rend un bon témoignage, a été divinement averti par un saint ange de te faire venir dans sa maison et d'entendre tes paroles: 23 Pierre donc les fit entrer, et les logea.

Le lendemain, il se leva, et partit avec eux. Quelques-uns des frères de Joppé l'accompagnèrent. 24 Ils arrivèrent à Césarée le jour suivant. Corneille les attendait, et avait invité ses parents et ses amis intimes. 25 Lorsque Pierre entra, Corneille, qui était allé au-devant de lui, tomba à ses pieds et se prosterna. 26 Mais Pierre le releva, en disant: Lève-toi; moi aussi, je suis un homme. 27 Et conversant avec lui, il entra, et trouva beaucoup de personnes réunies. 28 Vous savez, leur dit-il, qu'il est défendu à un Juif de se lier avec un étranger ou d'entrer chez lui; mais Dieu m'a appris à ne regarder aucun homme comme souillé et impur. 29 C'est pourquoi je n'ai pas eu d'objection à venir, puisque vous m'avez appelé; je vous demande donc pour quel motif vous m'avez envoyé chercher. 30 Corneille dit: Il y a quatre jours, à cette heure-ci, je priais dans ma maison à la neuvième heure; et voici, un homme vêtu d'un habit éclatant se présenta devant moi, 31 et dit: Corneille, ta prière a été exaucée, et Dieu s'est souvenu de tes aumônes. 32 Envoie donc à Joppé, et fais venir Simon, surnommé Pierre; il est logé dans la maison de Simon, corroyeur, près de la mer. 33 Aussitôt j'ai envoyé vers toi, et tu as bien fait de venir. Maintenant donc nous sommes tous devant Dieu, pour entendre tout ce que le Seigneur t'a ordonné de nous dire.

34 Alors Pierre, ouvrant la bouche, dit: En vérité, je reconnais que Dieu ne fait point acception de personnes, 35 mais qu'en toute nation celui qui le craint et qui pratique la justice lui est agréable. 36 Il a envoyé la parole aux fils d'Israël, en leur annonçant la paix par Jésus-Christ, qui est le Seigneur de tous. 37 Vous savez ce qui est arrivé dans toute la Judée, après avoir commencé en Galilée, à la suite du baptême que Jean a prêché; 38 vous savez comment Dieu a oint du Saint-Esprit et de force Jésus de Nazareth, qui allait de lieu en lieu faisant du bien et guérissant tous ceux qui étaient sous l'empire du diable, car Dieu était avec lui. 39 Nous sommes témoins de tout ce qu'il a fait dans le pays des Juifs et à Jérusalem. Ils l'ont tué, en le pendant au bois. 40 Dieu l'a ressuscité le troisième jour, et il a permis qu'il apparût, 41 non à tout le peuple, mais aux témoins choisis d'avance par Dieu, à nous qui avons mangé et bu avec lui, après qu'il fut ressuscité des morts. 42 Et Jésus nous a ordonné de prêcher au peuple et d'attester que c'est lui qui a été établi par Dieu juge des vivants et des morts. 43 Tous les prophètes rendent de lui le témoignage que quiconque croit en lui reçoit par son nom le pardon des péchés.

44 Comme Pierre prononçait encore ces mots, le Saint-Esprit descendit sur tous ceux qui écoutaient la parole. 45 Tous les fidèles circoncis qui étaient venus avec Pierre furent étonnés de ce que le don du Saint-Esprit était aussi répandu sur les païens. 46 Car ils les entendaient parler en langues et glorifier Dieu. Alors Pierre dit: 47 Peut-on refuser l'eau du baptême à ceux qui ont reçu le Saint-Esprit aussi bien que nous? 48 Et il ordonna qu'ils fussent baptisés au nom du Seigneur. Sur quoi ils le prièrent de rester quelques jours auprès d'eux.

Tite 3:5

5 il nous a sauvés, non à cause des oeuvres de justice que nous aurions faites, mais selon sa miséricorde, par le baptême de la régénération et le renouvellement du Saint-Esprit,

NOTES

LUNDI

A LIRE :
Actes 10 ; Tite 3 :5

SOAP :
Actes 10 :34-35 ; Tite 3:5

Écritures

RECOPIEZ LE
PASSAGE DU JOUR
À LA MAIN.

Observations

NOTEZ 1 OU 2
OBSERVATIONS
TIRÉES DE CE
PASSAGE.

Applications

NOTEZ 1 OU 2
APPLICATIONS
CONCRÈTES TIRÉES
DE CE PASSAGE.

Prière

ÉCRIVEZ UNE
PRIÈRE CONCERNANT
CE QUE VOUS AVEZ
APPRIS DU PASSAGE
D'AUJOURD'HUI.

MARDI
Écritures de la Semaine 3

Actes 11

1 Les apôtres et les frères qui étaient dans la Judée apprirent que les païens avaient aussi reçu la parole de Dieu. 2 Et lorsque Pierre fut monté à Jérusalem, les fidèles circoncis lui adressèrent des reproches, 3 en disant: Tu es entré chez des incirconcis, et tu as mangé avec eux. 4 Pierre se mit à leur exposer d'une manière suivie ce qui s'était passé. Il dit: 5 J'étais dans la ville de Joppé, et, pendant que je priais, je tombai en extase et j'eus une vision: un objet, semblable à une grande nappe attachée par les quatre coins, descendait du ciel et vint jusqu'à moi. 6 Les regards fixés sur cette nappe, j'examinai, et je vis les quadrupèdes de la terre, les bêtes sauvages, les reptiles, et les oiseaux du ciel. 7 Et j'entendis une voix qui me disait: Lève-toi, Pierre, tue et mange. 8 Mais je dis: Non, Seigneur, car jamais rien de souillé ni d'impur n'est entré dans ma bouche. 9 Et pour la seconde fois la voix se fit entendre du ciel: Ce que Dieu a déclaré pur, ne le regarde pas comme souillé. 10 Cela arriva jusqu'à trois fois; puis tout fut retiré dans le ciel. 11 Et voici, aussitôt trois hommes envoyés de Césarée vers moi se présentèrent devant la porte de la maison où j'étais. 12 L'Esprit me dit de partir avec eux sans hésiter. Les six hommes que voici m'accompagnèrent, et nous entrâmes dans la maison de Corneille. 13 Cet homme nous raconta comment il avait vu dans sa maison l'ange se présentant à lui et disant: Envoie à Joppé, et fais venir Simon, surnommé Pierre, 14 qui te dira des choses par lesquelles tu seras sauvé, toi et toute ta maison. 15 Lorsque je me fus mis à parler, le Saint-Esprit descendit sur eux, comme sur nous au commencement. 16 Et je me souvins de cette parole du Seigneur: Jean a baptisé d'eau, mais vous, vous serez baptisés du Saint-Esprit. 17 Or, puisque Dieu leur a accordé le même don qu'à nous qui avons cru au Seigneur Jésus-Christ, pouvais-je, moi, m'opposer à Dieu? 18 Après avoir entendu cela, ils se calmèrent, et ils glorifièrent Dieu, en disant: Dieu a donc accordé la repentance aussi aux païens, afin qu'ils aient la vie. 19 Ceux qui avaient été dispersés par la persécution survenue à l'occasion d'Etienne allèrent jusqu'en Phénicie, dans l'île de Chypre, et à Antioche, annonçant la parole seulement aux Juifs. 20 Il y eut cependant parmi eux quelques hommes de Chypre et de Cyrène, qui, étant venus à Antioche, s'adressèrent aussi aux Grecs, et leur annoncèrent la bonne nouvelle du Seigneur Jésus. 21 La main du Seigneur était avec eux, et un grand nombre de personnes crurent et se convertirent au Seigneur.
22 Le bruit en parvint aux oreilles des membres de l'Eglise de Jérusalem, et ils envoyèrent Barnabas jusqu'à Antioche. 23 Lorsqu'il fut arrivé, et qu'il eut vu la grâce de Dieu, il s'en réjouit, et il les exhorta tous à rester d'un coeur ferme attachés au Seigneur. 24 Car c'était un homme de bien, plein d'Esprit-Saint et de foi. Et une foule assez nombreuse se joignit au Seigneur. 25 Barnabas se rendit ensuite à Tarse, pour chercher Saul; 26 et, l'ayant trouvé, il l'amena à Antioche. Pendant toute une année, ils se réunirent aux assemblées de l'Eglise, et ils enseignèrent beaucoup de personnes. Ce fut à Antioche que, pour la première fois, les disciples furent appelés chrétiens. 27 En ce temps-là, des prophètes descendirent de Jérusalem à Antioche. 28 L'un d'eux, nommé Agabus, se leva, et annonça par l'Esprit qu'il y aurait une grande famine sur toute la terre. Elle arriva, en effet, sous Claude. 29 Les disciples résolurent d'envoyer, chacun selon ses moyens, un secours aux frères qui habitaient la Judée. 30 Ils le firent parvenir aux anciens par les mains de Barnabas et de Saul.

MARDI

A LIRE :
Actes 11

SOAP :
Actes 11 :23–24

Écritures

RECOPIEZ LE
PASSAGE DU JOUR
À LA MAIN.

Observations

NOTEZ 1 OU 2
OBSERVATIONS
TIRÉES DE CE
PASSAGE.

Applications

NOTEZ 1 OU 2
APPLICATIONS
CONCRÈTES TIRÉES
DE CE PASSAGE.

Prière

ÉCRIVEZ UNE
PRIÈRE CONCERNANT
CE QUE VOUS AVEZ
APPRIS DU PASSAGE
D'AUJOURD'HUI.

MERCREDI
Écritures de la Semaine 3

Actes 12

1 Vers le même temps, le roi Hérode se mit à maltraiter quelques membres de l'Eglise, 2 et il fit mourir par l'épée Jacques, frère de Jean. 3 Voyant que cela était agréable aux Juifs, il fit encore arrêter Pierre. -C'était pendant les jours des pains sans levain. - 4 Après l'avoir saisi et jeté en prison, il le mit sous la garde de quatre escouades de quatre soldats chacune, avec l'intention de le faire comparaître devant le peuple après la Pâque. 5 Pierre donc était gardé dans la prison; et l'Eglise ne cessait d'adresser pour lui des prières à Dieu. 6 La nuit qui précéda le jour où Hérode allait le faire comparaître, Pierre, lié de deux chaînes, dormait entre deux soldats; et des sentinelles devant la porte gardaient la prison. 7 Et voici, un ange du Seigneur survint, et une lumière brilla dans la prison. L'ange réveilla Pierre, en le frappant au côté, et en disant: Lève-toi promptement! Les chaînes tombèrent de ses mains. 8 Et l'ange lui dit: Mets ta ceinture et tes sandales. Et il fit ainsi. L'ange lui dit encore: Enveloppe-toi de ton manteau, et suis-moi. 9 Pierre sortit, et le suivit, ne sachant pas que ce qui se faisait par l'ange fût réel, et s'imaginant avoir une vision. 10 Lorsqu'ils eurent passé la première garde, puis la seconde, ils arrivèrent à la porte de fer qui mène à la ville, et qui s'ouvrit d'elle-même devant eux; ils sortirent, et s'avancèrent dans une rue. Aussitôt l'ange quitta Pierre. 11 Revenu à lui-même, Pierre dit: Je vois maintenant d'une manière certaine que le Seigneur a envoyé son ange, et qu'il m'a délivré de la main d'Hérode et de tout ce que le peuple juif attendait. 12 Après avoir réfléchi, il se dirigea vers la maison de Marie, mère de Jean, surnommé Marc, où beaucoup de personnes étaient réunies et priaient. 13 Il frappa à la porte du vestibule, et une servante, nommée Rhode, s'approcha pour écouter. 14 Elle reconnut la voix de Pierre; et, dans sa joie, au lieu d'ouvrir, elle courut annoncer que Pierre était devant la porte. 15 Ils lui dirent: Tu es folle. Mais elle affirma que la chose était ainsi. Et ils dirent: C'est son ange. 16 Cependant Pierre continuait à frapper. Ils ouvrirent, et furent étonnés de le voir. 17 Pierre, leur ayant de la main fait signe de se taire, leur raconta comment le Seigneur l'avait tiré de la prison, et il dit: Annoncez-le à Jacques et aux frères. Puis il sortit, et s'en alla dans un autre lieu. 18 Quand il fit jour, les soldats furent dans une grande agitation, pour savoir ce que Pierre était devenu. 19 Hérode, s'étant mis à sa recherche et ne l'ayant pas trouvé, interrogea les gardes, et donna l'ordre de les mener au supplice. Ensuite il descendit de la Judée à Césarée, pour y séjourner. 20 Hérode avait des dispositions hostiles à l'égard des Tyriens et des Sidoniens. Mais ils vinrent le trouver d'un commun accord; et, après avoir gagné Blaste, son chambellan, ils sollicitèrent la paix, parce que leur pays tirait sa subsistance de celui du roi. 21 A un jour fixé, Hérode, revêtu de ses habits royaux, et assis sur son trône, les harangua publiquement. 22 Le peuple s'écria: Voix d'un dieu, et non d'un homme! 23 Au même instant, un ange du Seigneur le frappa, parce qu'il n'avait pas donné gloire à Dieu. Et il expira, rongé des vers. 24 Cependant la parole de Dieu se répandait de plus en plus, et le nombre des disciples augmentait. 25 Barnabas et Saul, après s'être acquittés de leur message, s'en retournèrent de Jérusalem, emmenant avec eux Jean, surnommé Marc.

MERCREDI

A LIRE :
Actes 12

SOAP :
Actes 12 :24

Écritures

RECOPIEZ LE
PASSAGE DU JOUR
À LA MAIN.

Observations

NOTEZ 1 OU 2
OBSERVATIONS
TIRÉES DE CE
PASSAGE.

Applications

NOTEZ 1 OU 2
APPLICATIONS
CONCRÈTES TIRÉES
DE CE PASSAGE.

Prière

ÉCRIVEZ UNE
PRIÈRE CONCERNANT
CE QUE VOUS AVEZ
APPRIS DU PASSAGE
D'AUJOURD'HUI.

JEUDI

Écritures de la Semaine 3

Actes 13:1-12

1 Il y avait dans l'Eglise d'Antioche des prophètes et des docteurs: Barnabas, Siméon appelé Niger, Lucius de Cyrène, Manahen, qui avait été élevé avec Hérode le tétrarque, et Saul. 2 Pendant qu'ils servaient le Seigneur dans leur ministère et qu'ils jeûnaient, le Saint-Esprit dit: Mettez-moi à part Barnabas et Saul pour l'oeuvre à laquelle je les ai appelés. 3 Alors, après avoir jeûné et prié, ils leur imposèrent les mains, et les laissèrent partir. 4 Barnabas et Saul, envoyés par le Saint-Esprit, descendirent à Séleucie, et de là ils s'embarquèrent pour l'île de Chypre. 5 Arrivés à Salamine, ils annoncèrent la parole de Dieu dans les synagogues des Juifs. Ils avaient Jean pour aide. 6 Ayant ensuite traversé toute l'île jusqu'à Paphos, ils trouvèrent un certain magicien, faux prophète juif, nommé Bar-Jésus, 7 qui était avec le proconsul Sergius Paulus, homme intelligent. Ce dernier fit appeler Barnabas et Saul, et manifesta le désir d'entendre la parole de Dieu. 8 Mais Elymas, le magicien, -car c'est ce que signifie son nom, -leur faisait opposition, cherchant à détourner de la foi le proconsul. 9 Alors Saul, appelé aussi Paul, rempli du Saint-Esprit, fixa les regards sur lui, 10 et dit: Homme plein de toute espèce de ruse et de fraude, fils du diable, ennemi de toute justice, ne cesseras-tu point de pervertir les voies droites du Seigneur? 11 Maintenant voici, la main du Seigneur est sur toi, tu seras aveugle, et pour un temps tu ne verras pas le soleil. Aussitôt l'obscurité et les ténèbres tombèrent sur lui, et il cherchait, en tâtonnant, des personnes pour le guider. 12 Alors le proconsul, voyant ce qui était arrivé, crut, étant frappé de la doctrine du Seigneur.

JEUDI

A LIRE :
Actes 13 :1–12

SOAP :
Actes 13 :1–3

Écritures

RECOPIEZ LE
PASSAGE DU JOUR
À LA MAIN.

Observations

NOTEZ 1 OU 2
OBSERVATIONS
TIRÉES DE CE
PASSAGE.

Applications

NOTEZ 1 OU 2
APPLICATIONS
CONCRÈTES TIRÉES
DE CE PASSAGE.

Prière

ÉCRIVEZ UNE
PRIÈRE CONCERNANT
CE QUE VOUS AVEZ
APPRIS DU PASSAGE
D'AUJOURD'HUI.

VENDREDI
Écritures de la Semaine 3

Actes 13:13-52

13 Paul et ses compagnons, s'étant embarqués à Paphos, se rendirent à Perge en Pamphylie. Jean se sépara d'eux, et retourna à Jérusalem. 14 De Perge ils poursuivirent leur route, et arrivèrent à Antioche de Pisidie. Etant entrés dans la synagogue le jour du sabbat, ils s'assirent. 15 Après la lecture de la loi et des prophètes, les chefs de la synagogue leur envoyèrent dire: Hommes frères, si vous avez quelque exhortation à adresser au peuple, parlez. 16 Paul se leva, et, ayant fait signe de la main, il dit: Hommes Israélites, et vous qui craignez Dieu, écoutez! 17 Le Dieu de ce peuple d'Israël a choisi nos pères. Il mit ce peuple en honneur pendant son séjour au pays d'Egypte, et il l'en fit sortir par son bras puissant. 18 Il les nourrit près de quarante ans dans le désert; 19 et, ayant détruit sept nations au pays de Canaan, il leur en accorda le territoire comme propriété. 20 Après cela, durant quatre cent cinquante ans environ, il leur donna des juges, jusqu'au prophète Samuel. 21 Ils demandèrent alors un roi. Et Dieu leur donna, pendant quarante ans, Saül, fils de Kis, de la tribu de Benjamin; 22 puis, l'ayant rejeté, il leur suscita pour roi David, auquel il a rendu ce témoignage: J'ai trouvé David, fils d'Isaï, homme selon mon coeur, qui accomplira toutes mes volontés. 23 C'est de la postérité de David que Dieu, selon sa promesse, a suscité à Israël un Sauveur, qui est Jésus. 24 Avant sa venue, Jean avait prêché le baptême de repentance à tout le peuple d'Israël. 25 Et lorsque Jean achevait sa course, il disait: Je ne suis pas celui que vous pensez; mais voici, après moi vient celui des pieds duquel je ne suis pas digne de délier les souliers. 26 Hommes frères, fils de la race d'Abraham, et vous qui craignez Dieu, c'est à vous que cette parole de salut a été envoyée. 27 Car les habitants de Jérusalem et leurs chefs ont méconnu Jésus, et, en le condamnant, ils ont accompli les paroles des prophètes qui se lisent chaque sabbat. 28 Quoiqu'ils ne trouvassent en lui rien qui fût digne de mort, ils ont demandé à Pilate de le faire mourir. 29 Et, après qu'ils eurent accompli tout ce qui est écrit de lui, ils le descendirent de la croix et le déposèrent dans un sépulcre. 30 Mais Dieu l'a ressuscité des morts. 31 Il est apparu pendant plusieurs jours à ceux qui étaient montés avec lui de la Galilée à Jérusalem, et qui sont maintenant ses témoins auprès du peuple. 32 Et nous, nous vous annonçons cette bonne nouvelle que la promesse faite à nos pères, 33 Dieu l'a accomplie pour nous leurs enfants, en ressuscitant Jésus, selon ce qui est écrit dans le Psaume deuxième: Tu es mon Fils, Je t'ai engendré aujourd'hui. 34 Qu'il l'ait ressuscité des morts, de telle sorte qu'il ne retournera pas à la corruption, c'est ce qu'il a déclaré, en disant: Je vous donnerai Les grâces saintes promises à David, ces grâces qui sont assurées. 35 C'est pourquoi il dit encore ailleurs: Tu ne permettras pas que ton Saint voie la corruption. 36 Or, David, après avoir en son temps servi au dessein de Dieu, est mort, a été réuni à ses pères, et a vu la corruption. 37 Mais celui que Dieu a ressuscité n'a pas vu la corruption. 38 Sachez donc, hommes frères, que c'est par lui que le pardon des péchés vous est annoncé, 39 et que quiconque croit est justifié par lui de toutes les choses dont vous ne pouviez être justifiés par la loi de Moïse. 40 Ainsi, prenez garde qu'il ne vous arrive ce qui est dit dans les prophètes: 41 Voyez, contempteurs, Soyez étonnés et disparaissez; Car je vais faire en vos jours une oeuvre, Une oeuvre que vous ne croiriez pas si on vous la racontait. 42 Lorsqu'ils sortirent, on les pria de parler le sabbat suivant sur les mêmes choses; 43 et, à l'issue de l'assemblée, beaucoup de Juifs et de prosélytes pieux suivirent Paul et Barnabas, qui s'entretinrent avec eux, et les exhortèrent à rester attachés à la grâce de Dieu. 44 Le sabbat suivant, presque toute la ville se rassembla pour entendre la parole de Dieu. 45 Les Juifs, voyant la foule, furent remplis de jalousie, et ils s'opposaient à ce que disait Paul, en le contredisant et en l'injuriant. 46 Paul et Barnabas leur dirent avec assurance: C'est à vous premièrement que la

parole de Dieu devait être annoncée; mais, puisque vous la repoussez, et que vous vous jugez vous-mêmes indignes de la vie éternelle, voici, nous nous tournons vers les païens. 47 Car ainsi nous l'a ordonné le Seigneur: Je t'ai établi pour être la lumière des nations, Pour porter le salut jusqu'aux extrémités de la terre. 48 Les païens se réjouissaient en entendant cela, ils glorifiaient la parole du Seigneur, et tous ceux qui étaient destinés à la vie éternelle crurent. 49 La parole du Seigneur se répandait dans tout le pays. 50 Mais les Juifs excitèrent les femmes dévotes de distinction et les principaux de la ville; ils provoquèrent une persécution contre Paul et Barnabas, et ils les chassèrent de leur territoire. 51 Paul et Barnabas secouèrent contre eux la poussière de leurs pieds, et allèrent à Icone, 52 tandis que les disciples étaient remplis de joie et du Saint-Esprit.

NOTES

VENDREDI

A LIRE :
Actes 13 :13–52

SOAP :
Actes 13 :48–49

Écritures

RECOPIEZ LE
PASSAGE DU JOUR
À LA MAIN.

Observations

NOTEZ 1 OU 2
OBSERVATIONS
TIRÉES DE CE
PASSAGE.

Applications

NOTEZ 1 OU 2
APPLICATIONS
CONCRÈTES TIRÉES
DE CE PASSAGE.

Prière

ÉCRIVEZ UNE
PRIÈRE CONCERNANT
CE QUE VOUS AVEZ
APPRIS DU PASSAGE
D'AUJOURD'HUI.

QUESTIONS
DE RÉFLEXION

1. Pourquoi le baptême est-il significatif ? Que signifie le baptême ?
   Comment votre église pratique-t-elle le baptême ?

2. Qu'est-ce que cela signifie d'avoir un cœur consacré au Seigneur ?

3. Comment la Parole de Dieu augmente-t-elle et se multiplie aujourd'hui ?
   Que faites-vous pour augmenter et multiplier la Parole de Dieu ?

4. Mettez-vous en application la Parole de Dieu dans votre quotidien ? Si
   non, pourquoi pas ?

5. Qu'est-ce que cela signifie d'être mis à part pour l'œuvre à laquelle Dieu
   nous a appelé ? Qu'est-ce que Dieu vous a appelé à faire? (Cela n'a pas à
   ressembler à un ministère à temps plein !)

NOTES

SEMAINE 4

Le Seigneur dit à Paul en vision pendant la nuit: Ne crains point; mais parle, et ne te tais point, car je suis avec toi, et personne ne mettra la main sur toi pour te faire du mal: parle, car j'ai un peuple nombreux dans cette ville.

ACTES 18:9-10

PRIÈRE

NOTEZ CHAQUE JOUR VOS SUJETS
DE PRIÈRE ET DE RECONNAISSANCE.

Cette semaine, concentrez vos prières sur votre église.

LUNDI

MARDI

MERCREDI

JEUDI

VENDREDI

DÉFI

Les disciples s'engageaient à se fortifier et s'encourager entre eux. Pourriez-vous encourager une personne cette semaine ?

LUNDI

Écritures de la Semaine 4

Actes 14

1 A Icone, Paul et Barnabas entrèrent ensemble dans la synagogue des Juifs, et ils parlèrent de telle manière qu'une grande multitude de Juifs et de Grecs crurent. 2 Mais ceux des Juifs qui ne crurent point excitèrent et aigrirent les esprits des païens contre les frères. 3 Ils restèrent cependant assez longtemps à Icone, parlant avec assurance, appuyés sur le Seigneur, qui rendait témoignage à la parole de sa grâce et permettait qu'il se fît par leurs mains des prodiges et des miracles. 4 La population de la ville se divisa: les uns étaient pour les Juifs, les autres pour les apôtres. 5 Et comme les païens et les Juifs, de concert avec leurs chefs, se mettaient en mouvement pour les outrager et les lapider, 6 Paul et Barnabas, en ayant eu connaissance, se réfugièrent dans les villes de la Lycaonie, à Lystre et à Derbe, et dans la contrée d'alentour. 7 Et ils y annoncèrent la bonne nouvelle. 8 A Lystre, se tenait assis un homme impotent des pieds, boiteux de naissance, et qui n'avait jamais marché. 9 Il écoutait parler Paul. Et Paul, fixant les regards sur lui et voyant qu'il avait la foi pour être guéri, 10 dit d'une voix forte: Lève-toi droit sur tes pieds. Et il se leva d'un bond et marcha. 11 A la vue de ce que Paul avait fait, la foule éleva la voix, et dit en langue lycaonienne: Les dieux sous une forme humaine sont descendus vers nous. 12 Ils appelaient Barnabas Jupiter, et Paul Mercure, parce que c'était lui qui portait la parole. 13 Le prêtre de Jupiter, dont le temple était à l'entrée de la ville, amena des taureaux avec des bandelettes vers les portes, et voulait, de même que la foule, offrir un sacrifice. 14 Les apôtres Barnabas et Paul, ayant appris cela, déchirèrent leurs vêtements, et se précipitèrent au milieu de la foule, 15 en s'écriant: O hommes, pourquoi agissez-vous de la sorte? Nous aussi, nous sommes des hommes de la même nature que vous; et, vous apportant une bonne nouvelle, nous vous exhortons à renoncer à ces choses vaines, pour vous tourner vers le Dieu vivant, qui a fait le ciel, la terre, la mer, et tout ce qui s'y trouve. 16 Ce Dieu, dans les âges passés, a laissé toutes les nations suivre leurs propres voies, 17 quoiqu'il n'ait cessé de rendre témoignage de ce qu'il est, en faisant du bien, en vous dispensant du ciel les pluies et les saisons fertiles, en vous donnant la nourriture avec abondance et en remplissant vos coeurs de joie. 18 A peine purent-ils, par ces paroles, empêcher la foule de leur offrir un sacrifice. 19 Alors survinrent d'Antioche et d'Icone des Juifs qui gagnèrent la foule, et qui, après avoir lapidé Paul, le traînèrent hors de la ville, pensant qu'il était mort. 20 Mais, les disciples l'ayant entouré, il se leva, et entra dans la ville. Le lendemain, il partit pour Derbe avec Barnabas. 21 Quand ils eurent évangélisé cette ville et fait un certain nombre de disciples, ils retournèrent à Lystre, à Icone et à Antioche, 22 fortifiant l'esprit des disciples, les exhortant à persévérer dans la foi, et disant que c'est par beaucoup de tribulations qu'il nous faut entrer dans le royaume de Dieu. 23 Ils firent nommer des anciens dans chaque Eglise, et, après avoir prié et jeûné, ils les recommandèrent au Seigneur, en qui ils avaient cru. 24 Traversant ensuite la Pisidie, ils vinrent en Pamphylie, 25 annoncèrent la parole à Perge, et descendirent à Attalie. 26 De là ils s'embarquèrent pour Antioche, d'où ils avaient été recommandés à la grâce de Dieu pour l'oeuvre qu'ils venaient d'accomplir. 27 Après leur arrivée, ils convoquèrent l'Eglise, et ils racontèrent tout ce que Dieu avait fait avec eux, et comment il avait ouvert aux nations la porte de la foi. 28 Et ils demeurèrent assez longtemps avec les disciples.

LUNDI

A LIRE :
Actes 14

SOAP :
Actes 14 :21–23

Écritures

RECOPIEZ LE
PASSAGE DU JOUR
À LA MAIN.

Observations

NOTEZ 1 OU 2
OBSERVATIONS
TIRÉES DE CE
PASSAGE.

Applications

NOTEZ 1 OU 2
APPLICATIONS
CONCRÈTES TIRÉES
DE CE PASSAGE.

Prière

ÉCRIVEZ UNE
PRIÈRE CONCERNANT
CE QUE VOUS AVEZ
APPRIS DU PASSAGE
D'AUJOURD'HUI.

MARDI
Écritures de la Semaine 4

Actes 15

1 Quelques hommes, venus de la Judée, enseignaient les frères, en disant: Si vous n'êtes circoncis selon le rite de Moïse, vous ne pouvez être sauvés. 2 Paul et Barnabas eurent avec eux un débat et une vive discussion; et les frères décidèrent que Paul et Barnabas, et quelques-uns des leurs, monteraient à Jérusalem vers les apôtres et les anciens, pour traiter cette question. 3 Après avoir été accompagnés par l'Église, ils poursuivirent leur route à travers la Phénicie et la Samarie, racontant la conversion des païens, et ils causèrent une grande joie à tous les frères. 4 Arrivés à Jérusalem, ils furent reçus par l'Église, les apôtres et les anciens, et ils racontèrent tout ce que Dieu avait fait avec eux. 5 Alors quelques-uns du parti des pharisiens, qui avaient cru, se levèrent, en disant qu'il fallait circoncire les païens et exiger l'observation de la loi de Moïse. 6 Les apôtres et les anciens se réunirent pour examiner cette affaire. 7 Une grande discussion s'étant engagée, Pierre se leva, et leur dit: Hommes frères, vous savez que dès longtemps Dieu a fait un choix parmi vous, afin que, par ma bouche, les païens entendissent la parole de l'Evangile et qu'ils crussent. 8 Et Dieu, qui connaît les coeurs, leur a rendu témoignage, en leur donnant le Saint-Esprit comme à nous; 9 il n'a fait aucune différence entre nous et eux, ayant purifié leurs coeurs par la foi. 10 Maintenant donc, pourquoi tentez-vous Dieu, en mettant sur le cou des disciples un joug que ni nos pères ni nous n'avons pu porter? 11 Mais c'est par la grâce du Seigneur Jésus que nous croyons être sauvés, de la même manière qu'eux. 12 Toute l'assemblée garda le silence, et l'on écouta Barnabas et Paul, qui racontèrent tous les miracles et les prodiges que Dieu avait faits par eux au milieu des païens. 13 Lorsqu'ils eurent cessé de parler, Jacques prit la parole, et dit: Hommes frères, écoutez-moi! 14 Simon a raconté comment Dieu a d'abord jeté les regards sur les nations pour choisir du milieu d'elles un peuple qui portât son nom. 15 Et avec cela s'accordent les paroles des prophètes, selon qu'il est écrit: 16 Après cela, je reviendrai, et je relèverai de sa chute la tente de David, J'en réparerai les ruines, et je la redresserai, 17 Afin que le reste des hommes cherche le Seigneur, Ainsi que toutes les nations sur lesquelles mon nom est invoqué, Dit le Seigneur, qui fait ces choses, 18 Et à qui elles sont connues de toute éternité. 19 C'est pourquoi je suis d'avis qu'on ne crée pas des difficultés à ceux des païens qui se convertissent à Dieu, 20 mais qu'on leur écrive de s'abstenir des souillures des idoles, de l'impudicité, des animaux étouffés et du sang. 21 Car, depuis bien des générations, Moïse a dans chaque ville des gens qui le prêchent, puisqu'on le lit tous les jours de sabbat dans les synagogues. 22 Alors il parut bon aux apôtres et aux anciens, et à toute l'Eglise, de choisir parmi eux et d'envoyer à Antioche, avec Paul et Barnabas, Jude appelé Barsabas et Silas, hommes considérés entre les frères. 23 Ils les chargèrent d'une lettre ainsi conçue: Les apôtres, les anciens, et les frères, aux frères d'entre les païens, qui sont à Antioche, en Syrie, et en Cilicie, salut! 24 Ayant appris que quelques hommes partis de chez nous, et auxquels nous n'avions donné aucun ordre, vous ont troublés par leurs discours et ont ébranlé vos âmes, 25 nous avons jugé à propos, après nous être réunis tous ensemble, de choisir des délégués et de vous les envoyer avec nos bien-aimés Barnabas et Paul, 26 ces hommes qui ont exposé leur vie pour le nom de notre Seigneur Jésus-Christ. 27 Nous avons donc envoyé Jude et Silas, qui vous annonceront de leur bouche les mêmes choses. 28 Car il a paru bon au Saint-Esprit et à nous de ne vous imposer d'autre charge que ce qui est nécessaire, 29 savoir, de vous abstenir des viandes sacrifiées aux idoles, du sang, des animaux étouffés, et de l'impudicité, choses contre lesquelles vous vous trouverez bien de vous tenir en garde. Adieu. 30 Eux donc, ayant pris congé de l'Eglise, allèrent à Antioche, où ils remirent la lettre à la multitude assemblée. 31 Après l'avoir lue, les frères furent réjouis de l'encouragement qu'elle leur apporta. 32

Jude et Silas, qui étaient eux-mêmes prophètes, les exhortèrent et les fortifièrent par plusieurs discours. 33 Au bout de quelque temps, les frères les laissèrent en paix retourner vers ceux qui les avaient envoyés. 34 Toutefois Silas trouva bon de rester. 35 Paul et Barnabas demeurèrent à Antioche, enseignant et annonçant, avec plusieurs autres, la bonne nouvelle de la parole du Seigneur. 36 Quelques jours s'écoulèrent, après lesquels Paul dit à Barnabas: Retournons visiter les frères dans toutes les villes où nous avons annoncé la parole du Seigneur, pour voir en quel état ils sont. 37 Barnabas voulait emmener aussi Jean, surnommé Marc; 38 mais Paul jugea plus convenable de ne pas prendre avec eux celui qui les avait quittés depuis la Pamphylie, et qui ne les avait point accompagnés dans leur oeuvre. 39 Ce dissentiment fut assez vif pour être cause qu'ils se séparèrent l'un de l'autre. Et Barnabas, prenant Marc avec lui, s'embarqua pour l'île de Chypre. 40 Paul fit choix de Silas, et partit, recommandé par les frères à la grâce du Seigneur. 41 Il parcourut la Syrie et la Cilicie, fortifiant les Églises.

NOTES

MARDI

A LIRE :
Actes 15

SOAP :
Actes 15 :10-11

Écritures

RECOPIEZ LE
PASSAGE DU JOUR
À LA MAIN.

Observations

NOTEZ 1 OU 2
OBSERVATIONS
TIRÉES DE CE
PASSAGE.

Applications

NOTEZ 1 OU 2
APPLICATIONS
CONCRÈTES TIRÉES
DE CE PASSAGE.

Prière

ÉCRIVEZ UNE
PRIÈRE CONCERNANT
CE QUE VOUS AVEZ
APPRIS DU PASSAGE
D'AUJOURD'HUI.

MERCREDI

Actes 16

1 Il se rendit ensuite à Derbe et à Lystre. Et voici, il y avait là un disciple nommé Timothée, fils d'une femme juive fidèle et d'un père grec. 2 Les frères de Lystre et d'Icone rendaient de lui un bon témoignage. 3 Paul voulut l'emmener avec lui; et, l'ayant pris, il le circoncit, à cause des Juifs qui étaient dans ces lieux-là, car tous savaient que son père était grec. 4 En passant par les villes, ils recommandaient aux frères d'observer les décisions des apôtres et des anciens de Jérusalem. 5 Les Eglises se fortifiaient dans la foi, et augmentaient en nombre de jour en jour. 6 Ayant été empêchés par le Saint-Esprit d'annoncer la parole dans l'Asie, ils traversèrent la Phrygie et le pays de Galatie. 7 Arrivés près de la Mysie, ils se disposaient à entrer en Bithynie; mais l'Esprit de Jésus ne le leur permit pas. 8 Ils franchirent alors la Mysie, et descendirent à Troas. 9 Pendant la nuit, Paul eut une vision: un Macédonien lui apparut, et lui fit cette prière: Passe en Macédoine, secours-nous! 10 Après cette vision de Paul, nous cherchâmes aussitôt à nous rendre en Macédoine, concluant que le Seigneur nous appelait à y annoncer la bonne nouvelle. 11 Etant partis de Troas, nous fîmes voile directement vers la Samothrace, et le lendemain nous débarquâmes à Néapolis. 12 De là nous allâmes à Philippes, qui est la première ville d'un district de Macédoine, et une colonie. Nous passâmes quelques jours dans cette ville. 13 Le jour du sabbat, nous nous rendîmes, hors de la porte, vers une rivière, où nous pensions que se trouvait un lieu de prière. Nous nous assîmes, et nous parlâmes aux femmes qui étaient réunies. 14 L'une d'elles, nommée Lydie, marchande de pourpre, de la ville de Thyatire, était une femme craignant Dieu, et elle écoutait. Le Seigneur lui ouvrit le coeur, pour qu'elle fût attentive à ce que disait Paul. 15 Lorsqu'elle eut été baptisée, avec sa famille, elle nous fit cette demande: Si vous me jugez fidèle au Seigneur, entrez dans ma maison, et demeurez-y. Et elle nous pressa par ses instances. 16 Comme nous allions au lieu de prière, une servante qui avait un esprit de Python, et qui, en devinant, procurait un grand profit à ses maîtres, vint au-devant de nous, 17 et se mit à nous suivre, Paul et nous. Elle criait: Ces hommes sont les serviteurs du Dieu Très-Haut, et ils vous annoncent la voie du salut. 18 Elle fit cela pendant plusieurs jours. Paul fatigué se retourna, et dit à l'esprit: Je t'ordonne, au nom de Jésus-Christ, de sortir d'elle. Et il sortit à l'heure même. 19 Les maîtres de la servante, voyant disparaître l'espoir de leur gain, se saisirent de Paul et de Silas, et les traînèrent sur la place publique devant les magistrats. 20 Ils les présentèrent aux préteurs, en disant: Ces hommes troublent notre ville; ce sont des Juifs, 21 qui annoncent des coutumes qu'il ne nous est permis ni de recevoir ni de suivre, à nous qui sommes Romains. 22 La foule se souleva aussi contre eux, et les préteurs, ayant fait arracher leurs vêtements, ordonnèrent qu'on les battît de verges. 23 Après qu'on les eut chargés de coups, ils les jetèrent en prison, en recommandant au geôlier de les garder sûrement. 24 Le geôlier, ayant reçu cet ordre, les jeta dans la prison intérieure, et leur mit les ceps aux pieds. 25 Vers le milieu de la nuit, Paul et Silas priaient et chantaient les louanges de Dieu, et les prisonniers les entendaient. 26 Tout à coup il se fit un grand tremblement de terre, en sorte que les fondements de la prison furent ébranlés; au même instant, toutes les portes s'ouvrirent, et les liens de tous les prisonniers furent rompus. 27 Le geôlier se réveilla, et, lorsqu'il vit les portes de la prison ouvertes, il tira son épée et allait se tuer, pensant que les prisonniers s'étaient enfuis. 28 Mais Paul cria d'une voix forte: Ne te fais point de mal, nous sommes tous ici. 29 Alors le geôlier, ayant demandé de la lumière, entra précipitamment, et se jeta tout tremblant aux pieds de Paul et de Silas; 30 il les fit sortir, et dit: Seigneurs, que faut-il que je fasse pour être sauvé? 31 Paul et Silas répondirent: Crois au Seigneur Jésus, et tu seras sauvé, toi et ta famille. 32 Et ils lui annoncèrent la parole du Seigneur, ainsi qu'à

tous ceux qui étaient dans sa maison. 33 Il les prit avec lui, à cette heure même de la nuit, il lava leurs plaies, et aussitôt il fut baptisé, lui et tous les siens. 34 Les ayant conduits dans son logement, il leur servit à manger, et il se réjouit avec toute sa famille de ce qu'il avait cru en Dieu. 35 Quand il fit jour, les préteurs envoyèrent les licteurs pour dire au geôlier: Relâche ces hommes. 36 Et le geôlier annonça la chose à Paul: Les préteurs ont envoyé dire qu'on vous relâchât; maintenant donc sortez, et allez en paix. 37 Mais Paul dit aux licteurs: Après nous avoir battus de verges publiquement et sans jugement, nous qui sommes Romains, ils nous ont jetés en prison, et maintenant ils nous font sortir secrètement! Il n'en sera pas ainsi. Qu'ils viennent eux-mêmes nous mettre en liberté. 38 Les licteurs rapportèrent ces paroles aux préteurs, qui furent effrayés en apprenant qu'ils étaient Romains. 39 Ils vinrent les apaiser, et ils les mirent en liberté, en les priant de quitter la ville. 40 Quand ils furent sortis de la prison, ils entrèrent chez Lydie, et, après avoir vu et exhorté les frères, ils partirent.

NOTES

MERCREDI

A LIRE :
Actes 16

SOAP :
Actes 16 :31–33

Écritures

RECOPIEZ LE
PASSAGE DU JOUR
À LA MAIN.

Observations

NOTEZ 1 OU 2
OBSERVATIONS
TIRÉES DE CE
PASSAGE.

Applications

NOTEZ 1 OU 2
APPLICATIONS
CONCRÈTES TIRÉES
DE CE PASSAGE.

Prière

ÉCRIVEZ UNE
PRIÈRE CONCERNANT
CE QUE VOUS AVEZ
APPRIS DU PASSAGE
D'AUJOURD'HUI.

JEUDI
Écritures de la Semaine 4

Actes 17

1 Paul et Silas passèrent par Amphipolis et Apollonie, et ils arrivèrent à Thessalonique, où les Juifs avaient une synagogue. 2 Paul y entra, selon sa coutume. Pendant trois sabbats, il discuta avec eux, d'après les Ecritures, 3 expliquant et établissant que le Christ devait souffrir et ressusciter des morts. Et Jésus que je vous annonce, disait-il, c'est lui qui est le Christ. 4 Quelques-uns d'entre eux furent persuadés, et se joignirent à Paul et à Silas, ainsi qu'une grande multitude de Grecs craignant Dieu, et beaucoup de femmes de qualité. 5 Mais les Juifs, jaloux prirent avec eux quelques méchants hommes de la populace, provoquèrent des attroupements, et répandirent l'agitation dans la ville. Ils se portèrent à la maison de Jason, et ils cherchèrent Paul et Silas, pour les amener vers le peuple. 6 Ne les ayant pas trouvés, ils traînèrent Jason et quelques frères devant les magistrats de la ville, en criant: Ces gens, qui ont bouleversé le monde, sont aussi venus ici, 7 et Jason les a reçus. Ils agissent tous contre les édits de César, disant qu'il y a un autre roi, Jésus. 8 Par ces paroles ils émurent la foule et les magistrats, 9 qui ne laissèrent aller Jason et les autres qu'après avoir obtenu d'eux une caution. 10 Aussitôt les frères firent partir de nuit Paul et Silas pour Bérée. Lorsqu'ils furent arrivés, ils entrèrent dans la synagogue des Juifs. 11 Ces Juifs avaient des sentiments plus nobles que ceux de Thessalonique; ils reçurent la parole avec beaucoup d'empressement, et ils examinaient chaque jour les Ecritures, pour voir si ce qu'on leur disait était exact. 12 Plusieurs d'entre eux crurent, ainsi que beaucoup de femmes grecques de distinction, et beaucoup d'hommes. 13 Mais, quand les Juifs de Thessalonique surent que Paul annonçait aussi à Bérée la parole de Dieu, ils vinrent y agiter la foule. 14 Alors les frères firent aussitôt partir Paul du côté de la mer; Silas et Timothée restèrent à Bérée. 15 Ceux qui accompagnaient Paul le conduisirent jusqu'à Athènes. Puis ils s'en retournèrent, chargés de transmettre à Silas et à Timothée l'ordre de le rejoindre au plus tôt. 16 Comme Paul les attendait à Athènes, il sentait au dedans de lui son esprit s'irriter, à la vue de cette ville pleine d'idoles. 17 Il s'entretenait donc dans la synagogue avec les Juifs et les hommes craignant Dieu, et sur la place publique chaque jour avec ceux qu'il rencontrait. 18 Quelques philosophes épicuriens et stoïciens se mirent à parler avec lui. Et les uns disaient: Que veut dire ce discoureur? D'autres, l'entendant annoncer Jésus et la résurrection, disaient: Il semble qu'il annonce des divinités étrangères. 19 Alors ils le prirent, et le menèrent à l'Aréopage, en disant: Pourrions-nous savoir quelle est cette nouvelle doctrine que tu enseignes? 20 Car tu nous fais entendre des choses étranges. Nous voudrions donc savoir ce que cela peut être. 21 Or, tous les Athéniens et les étrangers demeurant à Athènes ne passaient leur temps qu'à dire ou à écouter des nouvelles. 22 Paul, debout au milieu de l'Aréopage, dit: Hommes Athéniens, je vous trouve à tous égards extrêmement religieux. 23 Car, en parcourant votre ville et en considérant les objets de votre dévotion, j'ai même découvert un autel avec cette inscription: A un dieu inconnu! Ce que vous révérez sans le connaître, c'est ce que je vous annonce. 24 Le Dieu qui a fait le monde et tout ce qui s'y trouve, étant le Seigneur du ciel et de la terre, n'habite point dans des temples faits de main d'homme; 25 il n'est point servi par des mains humaines, comme s'il avait besoin de quoi que ce soit, lui qui donne à tous la vie, la respiration, et toutes choses. 26 Il a fait que tous les hommes, sortis d'un seul sang, habitassent sur toute la surface de la terre, ayant déterminé la durée des temps et les bornes de leur demeure; 27 il a voulu qu'ils cherchassent le Seigneur, et qu'ils s'efforçassent de le trouver en tâtonnant, bien qu'il ne soit pas loin de chacun de nous, 28 car en lui nous avons la vie, le mouvement, et l'être. C'est ce qu'ont dit aussi quelques-uns de vos poètes: De lui nous sommes la race... 29 Ainsi donc, étant la race de Dieu, nous ne devons pas croire que la

divinité soit semblable à de l'or, à de l'argent, ou à de la pierre, sculptés par l'art et l'industrie de l'homme. 30 Dieu, sans tenir compte des temps d'ignorance, annonce maintenant à tous les hommes, en tous lieux, qu'ils aient à se repentir, 31 parce qu'il a fixé un jour où il jugera le monde selon la justice, par l'homme qu'il a désigné, ce dont il a donné à tous une preuve certaine en le ressuscitant des morts... 32 Lorsqu'ils entendirent parler de résurrection des morts, les uns se moquèrent, et les autres dirent: Nous t'entendrons là-dessus une autre fois. 33 Ainsi Paul se retira du milieu d'eux. 34 Quelques-uns néanmoins s'attachèrent à lui et crurent, Denys l'aréopagite, une femme nommée Damaris, et d'autres avec eux.

NOTES

JEUDI

A LIRE :
Actes 17

SOAP :
Actes 17 :24-25

Écritures

RECOPIEZ LE
PASSAGE DU JOUR
À LA MAIN.

Observations

NOTEZ 1 OU 2
OBSERVATIONS
TIRÉES DE CE
PASSAGE.

Applications

NOTEZ 1 OU 2
APPLICATIONS
CONCRÈTES TIRÉES
DE CE PASSAGE.

Prière

ÉCRIVEZ UNE
PRIÈRE CONCERNANT
CE QUE VOUS AVEZ
APPRIS DU PASSAGE
D'AUJOURD'HUI.

VENDREDI
Écritures de la Semaine 4

Actes 18

1 Après cela, Paul partit d'Athènes, et se rendit à Corinthe. 2 Il y trouva un Juif nommé Aquilas, originaire du Pont, récemment arrivé d'Italie avec sa femme Priscille, parce que Claude avait ordonné à tous les Juifs de sortir de Rome. Il se lia avec eux; 3 et, comme il avait le même métier, il demeura chez eux et y travailla: ils étaient faiseurs de tentes. 4 Paul discourait dans la synagogue chaque sabbat, et il persuadait des Juifs et des Grecs. 5 Mais quand Silas et Timothée furent arrivés de la Macédoine, il se donna tout entier à la parole, attestant aux Juifs que Jésus était le Christ. 6 Les Juifs faisant alors de l'opposition et se livrant à des injures, Paul secoua ses vêtements, et leur dit: Que votre sang retombe sur votre tête! J'en suis pur. Dès maintenant, j'irai vers les païens. 7 Et sortant de là, il entra chez un nommé Justus, homme craignant Dieu, et dont la maison était contiguë à la synagogue. 8 Cependant Crispus, le chef de la synagogue, crut au Seigneur avec toute sa famille. Et plusieurs Corinthiens, qui avaient entendu Paul, crurent aussi, et furent baptisés. 9 Le Seigneur dit à Paul en vision pendant la nuit: Ne crains point; mais parle, et ne te tais point, 10 Car je suis avec toi, et personne ne mettra la main sur toi pour te faire du mal: parle, car j'ai un peuple nombreux dans cette ville. 11 Il y demeura un an et six mois, enseignant parmi les Corinthiens la parole de Dieu. 12 Du temps que Gallion était proconsul de l'Achaïe, les Juifs se soulevèrent unanimement contre Paul, et le menèrent devant le tribunal, 13 en disant: Cet homme excite les gens à servir Dieu d'une manière contraire à la loi. 14 Paul allait ouvrir la bouche, lorsque Gallion dit aux Juifs: S'il s'agissait de quelque injustice ou de quelque méchante action, je vous écouterais comme de raison, ô Juifs; 15 mais, s'il s'agit de discussions sur une parole, sur des noms, et sur votre loi, cela vous regarde: je ne veux pas être juge de ces choses. 16 Et il les renvoya du tribunal. 17 Alors tous, se saisissant de Sosthène, le chef de la synagogue, le battirent devant le tribunal, sans que Gallion s'en mît en peine. 18 Paul resta encore assez longtemps à Corinthe. Ensuite il prit congé des frères, et s'embarqua pour la Syrie, avec Priscille et Aquilas, après s'être fait raser la tête à Cenchrées, car il avait fait un voeu. 19 Ils arrivèrent à Ephèse, et Paul y laissa ses compagnons. Étant entré dans la synagogue, il s'entretint avec les Juifs, 20 qui le prièrent de prolonger son séjour. Mais il n'y consentit point, 21 et il prit congé d'eux, en disant: Il faut absolument que je célèbre la fête prochaine à Jérusalem. Je reviendrai vers vous, si Dieu le veut. Et il partit d'Ephèse. 22 Étant débarqué à Césarée, il monta à Jérusalem, et, après avoir salué l'Eglise, il descendit à Antioche. 23 Lorsqu'il eut passé quelque temps à Antioche, Paul se mit en route, et parcourut successivement la Galatie et la Phrygie, fortifiant tous les disciples. 24 Un Juif nommé Apollos, originaire d'Alexandrie, homme éloquent et versé dans les Écritures, vint à Ephèse. 25 Il était instruit dans la voie du Seigneur, et, fervent d'esprit, il annonçait et enseignait avec exactitude ce qui concerne Jésus, bien qu'il ne connût que le baptême de Jean. 26 Il se mit à parler librement dans la synagogue. Aquilas et Priscille, l'ayant entendu, le prirent avec eux, et lui exposèrent plus exactement la voie de Dieu. 27 Comme il voulait passer en Achaïe, les frères l'y encouragèrent, et écrivirent aux disciples de le bien recevoir. Quand il fut arrivé, il se rendit, par la grâce de Dieu, très utile à ceux qui avaient cru; 28 Car il réfutait vivement les Juifs en public, démontrant par les Ecritures que Jésus est le Christ.

VENDREDI

A LIRE :
Actes 18

SOAP :
Actes 18 :9–10

Écritures

RECOPIEZ LE
PASSAGE DU JOUR
À LA MAIN.

Observations

NOTEZ 1 OU 2
OBSERVATIONS
TIRÉES DE CE
PASSAGE.

Applications

NOTEZ 1 OU 2
APPLICATIONS
CONCRÈTES TIRÉES
DE CE PASSAGE.

Prière

ÉCRIVEZ UNE
PRIÈRE CONCERNANT
CE QUE VOUS AVEZ
APPRIS DU PASSAGE
D'AUJOURD'HUI.

QUESTIONS
DE RÉFLEXION

1. Pourquoi est-il important d'encourager les autres ? Quand est-ce que vous avez été encouragée par une sœur en Christ ?

2. Pourquoi la lettre de Jérusalem était autant encourageante pour l'église d'Antioche ?

3. Pourquoi la résurrection de Christ est-elle importante ? De quoi fait preuve la résurrection de Jésus-Christ ?

4. Qu'est-ce que Paul craignait ? Était-ce une bonne raison d'avoir peur ?

5. Lorsque vous éprouvez de la peur dans certaines situations, quelles sont les vérités qui peuvent vous aider à surmonter ces épreuves ? Est-ce que Dieu vous aide quand vous avez peur ? Comment ?

NOTES

SEMAINE 5

Et maintenant je vous recommande à Dieu et à la parole de sa grâce, à celui qui peut édifier et donner l'héritage avec tous les sanctifiés.

ACTES 20:32

PRIÈRE

Cette semaine, concentrez vos prières sur les missionnaires.

LUNDI

MARDI

MERCREDI

JEUDI

VENDREDI

DÉFI

Nous avons reçu le commandement de faire des disciples de toutes les nations. Que faites-vous aujourd'hui pour faire des disciples ?

LUNDI
Écritures de la Semaine 5

Actes 19

1 Pendant qu'Apollos était à Corinthe, Paul, après avoir parcouru les hautes provinces de l'Asie, arriva à Ephèse. Ayant rencontré quelques disciples, 2 il leur dit: Avez-vous reçu le Saint-Esprit, quand vous avez cru? Ils lui répondirent: Nous n'avons pas même entendu dire qu'il y ait un Saint-Esprit. 3 Il dit: De quel baptême avez-vous donc été baptisés? Et ils répondirent: Du baptême de Jean. 4 Alors Paul dit: Jean a baptisé du baptême de repentance, disant au peuple de croire en celui qui venait après lui, c'est-à-dire, en Jésus. 5 Sur ces paroles, ils furent baptisés au nom du Seigneur Jésus. 6 Lorsque Paul leur eut imposé les mains, le Saint-Esprit vint sur eux, et ils parlaient en langues et prophétisaient. 7 Ils étaient en tout environ douze hommes. 8 Ensuite Paul entra dans la synagogue, où il parla librement. Pendant trois mois, il discourut sur les choses qui concernent le royaume de Dieu, s'efforçant de persuader ceux qui l'écoutaient. 9 Mais, comme quelques-uns restaient endurcis et incrédules, décriant devant la multitude la voie du Seigneur, il se retira d'eux, sépara les disciples, et enseigna chaque jour dans l'école d'un nommé Tyrannus. 10 Cela dura deux ans, de sorte que tous ceux qui habitaient l'Asie, Juifs et Grecs, entendirent la parole du Seigneur. 11 Et Dieu faisait des miracles extraordinaires par les mains de Paul, 12 au point qu'on appliquait sur les malades des linges ou des mouchoirs qui avaient touché son corps, et les maladies les quittaient, et les esprits malins sortaient. 13 Quelques exorcistes juifs ambulants essayèrent d'invoquer sur ceux qui avaient des esprits malins le nom du Seigneur Jésus, en disant: Je vous conjure par Jésus que Paul prêche! 14 Ceux qui faisaient cela étaient sept fils de Scéva, Juif, l'un des principaux sacrificateurs. 15 L'esprit malin leur répondit: Je connais Jésus, et je sais qui est Paul; mais vous, qui êtes-vous? 16 Et l'homme dans lequel était l'esprit malin s'élança sur eux, se rendit maître de tous deux, et les maltraita de telle sorte qu'ils s'enfuirent de cette maison nus et blessés. 17 Cela fut connu de tous les Juifs et de tous les Grecs qui demeuraient à Ephèse, et la crainte s'empara d'eux tous, et le nom du Seigneur Jésus était glorifié. 18 Plusieurs de ceux qui avaient cru venaient confesser et déclarer ce qu'ils avaient fait. 19 Et un certain nombre de ceux qui avaient exercé les arts magiques, ayant apporté leurs livres, les brûlèrent devant tout le monde: on en estima la valeur à cinquante mille pièces d'argent. 20 C'est ainsi que la parole du Seigneur croissait en puissance et en force. 21 Après que ces choses se furent passées, Paul forma le projet d'aller à Jérusalem, en traversant la Macédoine et l'Achaïe. Quand j'aurai été là, se disait-il, il faut aussi que je voie Rome. 22 Il envoya en Macédoine deux de ses aides, Timothée et Eraste, et il resta lui-même quelque temps encore en Asie. 23 Il survint, à cette époque, un grand trouble au sujet de la voie du Seigneur. 24 Un nommé Démétrius, orfèvre, fabriquait en argent des temples de Diane, et procurait à ses ouvriers un gain considérable. 25 Il les rassembla, avec ceux du même métier, et dit: O hommes, vous savez que notre bien-être dépend de cette industrie; 26 et vous voyez et entendez que, non seulement à Ephèse, mais dans presque toute l'Asie, ce Paul a persuadé et détourné une foule de gens, en disant que les dieux faits de main d'homme ne sont pas des dieux. 27 Le danger qui en résulte, ce n'est pas seulement que notre industrie ne tombe en discrédit; c'est encore que le temple de la grande déesse Diane ne soit tenu pour rien, et même que la majesté de celle qui est révérée dans toute l'Asie et dans le monde entier ne soit réduite à néant. 28 Ces paroles les ayant remplis de colère, ils se mirent à crier: Grande est la Diane des Ephésiens! 29 Toute la ville fut dans la confusion. Ils se précipitèrent tous ensemble au théâtre, entraînant avec eux Gaïus et Aristarque, Macédoniens, compagnons de voyage de Paul. 30 Paul voulait se présenter devant le peuple, mais les disciples l'en empêchèrent; 31 quelques-uns même des Asiarques,

qui étaient ses amis, envoyèrent vers lui, pour l'engager à ne pas se rendre au théâtre. 32 Les uns criaient d'une manière, les autres d'une autre, car le désordre régnait dans l'assemblée, et la plupart ne savaient pas pourquoi ils s'étaient réunis. 33 Alors on fit sortir de la foule Alexandre, que les Juifs poussaient en avant; et Alexandre, faisant signe de la main, voulait parler au peuple. 34 Mais quand ils reconnurent qu'il était Juif, tous d'une seule voix crièrent pendant près de deux heures: Grande est la Diane des Ephésiens! 35 Cependant le secrétaire, ayant apaisé la foule, dit: Hommes Ephésiens, quel est celui qui ignore que la ville d'Ephèse est la gardienne du temple de la grande Diane et de son simulacre tombé du ciel? 36 Cela étant incontestable, vous devez vous calmer, et ne rien faire avec précipitation. 37 Car vous avez amené ces hommes, qui ne sont coupables ni de sacrilège, ni de blasphème envers notre déesse. 38 Si donc Démétrius et ses ouvriers ont à se plaindre de quelqu'un, il y a des jours d'audience et des proconsuls; qu'ils s'appellent en justice les uns les autres. 39 Et si vous avez en vue d'autres objets, ils se régleront dans une assemblée légale. 40 Nous risquons, en effet, d'être accusés de sédition pour ce qui s'est passé aujourd'hui, puisqu'il n'existe aucun motif qui nous permette de justifier cet attroupement. 41 Après ces paroles, il congédia l'assemblée.

NOTES

LUNDI

A LIRE :
Actes 19

SOAP :
Actes 19 :8–10

Écritures

RECOPIEZ LE
PASSAGE DU JOUR
À LA MAIN.

Observations

NOTEZ 1 OU 2
OBSERVATIONS
TIRÉES DE CE
PASSAGE.

Applications

NOTEZ 1 OU 2
APPLICATIONS
CONCRÈTES TIRÉES
DE CE PASSAGE.

Prière

ÉCRIVEZ UNE
PRIÈRE CONCERNANT
CE QUE VOUS AVEZ
APPRIS DU PASSAGE
D'AUJOURD'HUI.

MARDI
Écritures de la Semaine 5

Actes 20

1 Lorsque le tumulte eut cessé, Paul réunit les disciples, et, après les avoir exhortés, prit congé d'eux, et partit pour aller en Macédoine. 2 Il parcourut cette contrée, en adressant aux disciples de nombreuses exhortations. Puis il se rendit en Grèce, 3 où il séjourna trois mois. Il était sur le point de s'embarquer pour la Syrie, quand les Juifs lui dressèrent des embûches. Alors il se décida à reprendre la route de la Macédoine. 4 Il avait pour l'accompagner jusqu'en Asie: Sopater de Bérée, fils de Pyrrhus, Aristarque et Second de Thessalonique, Gaïus de Derbe, Timothée, ainsi que Tychique et Trophime, originaires d'Asie. 5 Ceux-ci prirent les devants, et nous attendirent à Troas. 6 Pour nous, après les jours des pains sans levain, nous nous embarquâmes à Philippes, et, au bout de cinq jours, nous les rejoignîmes à Troas, où nous passâmes sept jours. 7 Le premier jour de la semaine, nous étions réunis pour rompre le pain. Paul, qui devait partir le lendemain, s'entretenait avec les disciples, et il prolongea son discours jusqu'à minuit. 8 Il y avait beaucoup de lampes dans la chambre haute où nous étions assemblés. 9 Or, un jeune homme nommé Eutychus, qui était assis sur la fenêtre, s'endormit profondément pendant le long discours de Paul; entraîné par le sommeil, il tomba du troisième étage en bas, et il fut relevé mort. 10 Mais Paul, étant descendu, se pencha sur lui et le prit dans ses bras, en disant: Ne vous troublez pas, car son âme est en lui. 11 Quand il fut remonté, il rompit le pain et mangea, et il parla longtemps encore jusqu'au jour. Après quoi il partit. 12 Le jeune homme fut ramené vivant, et ce fut le sujet d'une grande consolation. 13 Pour nous, nous précédâmes Paul sur le navire, et nous fîmes voile pour Assos, où nous étions convenus de le reprendre, parce qu'il devait faire la route à pied. 14 Lorsqu'il nous eut rejoints à Assos, nous le prîmes à bord, et nous allâmes à Mytilène. 15 De là, continuant par mer, nous arrivâmes le lendemain vis-à-vis de Chios. Le jour suivant, nous cinglâmes vers Samos, et le jour d'après nous vînmes à Milet. 16 Paul avait résolu de passer devant Ephèse sans s'y arrêter, afin de ne pas perdre de temps en Asie; car il se hâtait pour se trouver, si cela lui était possible, à Jérusalem le jour de la Pentecôte. 17 Cependant, de Milet Paul envoya chercher à Ephèse les anciens de l'Eglise. 18 Lorsqu'ils furent arrivés vers lui, il leur dit: Vous savez de quelle manière, depuis le premier jour où je suis entré en Asie, je me suis sans cesse conduit avec vous, 19 servant le Seigneur en toute humilité, avec larmes, et au milieu des épreuves que me suscitaient les embûches des Juifs. 20 Vous savez que je n'ai rien caché de ce qui vous était utile, et que je n'ai pas craint de vous prêcher et de vous enseigner publiquement et dans les maisons, 21 annonçant aux Juifs et aux Grecs la repentance envers Dieu et la foi en notre Seigneur Jésus-Christ. 22 Et maintenant voici, lié par l'Esprit, je vais à Jérusalem, ne sachant pas ce qui m'y arrivera; 23 seulement, de ville en ville, l'Esprit-Saint m'avertit que des liens et des tribulations m'attendent. 24 Mais je ne fais pour moi-même aucun cas de ma vie, comme si elle m'était précieuse, pourvu que j'accomplisse ma course avec joie, et le ministère que j'ai reçu du Seigneur Jésus, d'annoncer la bonne nouvelle de la grâce de Dieu. 25 Et maintenant voici, je sais que vous ne verrez plus mon visage, vous tous au milieu desquels j'ai passé en prêchant le royaume de Dieu. 26 C'est pourquoi je vous déclare aujourd'hui que je suis pur du sang de vous tous, 27 car je vous ai annoncé tout le conseil de Dieu, sans en rien cacher. 28 Prenez donc garde à vous-mêmes, et à tout le troupeau sur lequel le Saint-Esprit vous a établis évêques, pour paître l'Eglise du Seigneur, qu'il s'est acquise par son propre sang. 29 Je sais qu'il s'introduira parmi vous, après mon départ, des loups cruels qui n'épargneront pas le troupeau, 30 et qu'il s'élèvera du milieu de vous des hommes qui enseigneront des choses pernicieuses, pour entraîner les disciples après eux. 31 Veillez donc, vous souvenant que, durant trois années, je n'ai cessé nuit et jour

d'exhorter avec larmes chacun de vous. 32 Et maintenant je vous recommande à Dieu et à la parole de sa grâce, à celui qui peut édifier et donner l'héritage avec tous les sanctifiés. 33 Je n'ai désiré ni l'argent, ni l'or, ni les vêtements de personne. 34 Vous savez vous-mêmes que ces mains ont pourvu à mes besoins et à ceux des personnes qui étaient avec moi. 35 Je vous ai montré de toutes manières que c'est en travaillant ainsi qu'il faut soutenir les faibles, et se rappeler les paroles du Seigneur, qui a dit lui-même: Il y a plus de bonheur à donner qu'à recevoir. 36 Après avoir ainsi parlé, il se mit à genoux, et il pria avec eux tous. 37 Et tous fondirent en larmes, et, se jetant au cou de Paul, ils l'embrassaient, 38 affligés surtout de ce qu'il avait dit qu'ils ne verraient plus son visage. Et ils l'accompagnèrent jusqu'au navire.

NOTES

MARDI

A LIRE :
Actes 20

SOAP :
Actes 20 :32–35

Écritures

RECOPIEZ LE
PASSAGE DU JOUR
À LA MAIN.

Observations

NOTEZ 1 OU 2
OBSERVATIONS
TIRÉES DE CE
PASSAGE.

Applications

NOTEZ 1 OU 2
APPLICATIONS
CONCRÈTES TIRÉES
DE CE PASSAGE.

Prière

ÉCRIVEZ UNE
PRIÈRE CONCERNANT
CE QUE VOUS AVEZ
APPRIS DU PASSAGE
D'AUJOURD'HUI.

MERCREDI
Écritures de la Semaine 5

Actes 21

1 Nous nous embarquâmes, après nous être séparés d'eux, et nous allâmes directement à Cos, le lendemain à Rhodes, et de là à Patara. 2 Et ayant trouvé un navire qui faisait la traversée vers la Phénicie, nous montâmes et partîmes. 3 Quand nous fûmes en vue de l'île de Chypre, nous la laissâmes à gauche, poursuivant notre route du côté de la Syrie, et nous abordâmes à Tyr, où le bâtiment devait décharger sa cargaison. 4 Nous trouvâmes les disciples, et nous restâmes là sept jours. Les disciples, poussés par l'Esprit, disaient à Paul de ne pas monter à Jérusalem. 5 Mais, lorsque nous fûmes au terme des sept jours, nous nous acheminâmes pour partir, et tous nous accompagnèrent avec leurs femmes et leurs enfants jusque hors de la ville. Nous nous mîmes à genoux sur le rivage, et nous priâmes. 6 Puis, ayant pris congé les uns des autres, nous montâmes sur le navire, et ils retournèrent chez eux. 7 Achevant notre navigation, nous allâmes de Tyr à Ptolémaïs, où nous saluâmes les frères, et passâmes un jour avec eux. 8 Nous partîmes le lendemain, et nous arrivâmes à Césarée. Etant entrés dans la maison de Philippe l'évangéliste, qui était l'un des sept, nous logeâmes chez lui. 9 Il avait quatre filles vierges qui prophétisaient.

10 Comme nous étions là depuis plusieurs jours, un prophète, nommé Agabus, descendit de Judée, 11 et vint nous trouver. Il prit la ceinture de Paul, se lia les pieds et les mains, et dit: Voici ce que déclare le Saint-Esprit: L'homme à qui appartient cette ceinture, les Juifs le lieront de la même manière à Jérusalem, et le livreront entre les mains des païens. 12 Quand nous entendîmes cela, nous et ceux de l'endroit, nous priâmes Paul de ne pas monter à Jérusalem. 13 Alors il répondit: Que faites-vous, en pleurant et en me brisant le coeur? Je suis prêt, non seulement à être lié, mais encore à mourir à Jérusalem pour le nom du Seigneur Jésus. 14 Comme il ne se laissait pas persuader, nous n'insistâmes pas, et nous dîmes: Que la volonté du Seigneur se fasse!

15 Après ces jours-là, nous fîmes nos préparatifs, et nous montâmes à Jérusalem. 16 Quelques disciples de Césarée vinrent aussi avec nous, et nous conduisirent chez un nommé Mnason, de l'île de Chypre, ancien disciple, chez qui nous devions loger. 17 Lorsque nous arrivâmes à Jérusalem, les frères nous reçurent avec joie. 18 Le lendemain, Paul se rendit avec nous chez Jacques, et tous les anciens s'y réunirent. 19 Après les avoir salués, il raconta en détail ce que Dieu avait fait au milieu des païens par son ministère. 20 Quand ils l'eurent entendu, ils glorifièrent Dieu. Puis ils lui dirent: Tu vois, frère, combien de milliers de Juifs ont cru, et tous sont zélés pour la loi. 21 Or, ils ont appris que tu enseignes à tous les Juifs qui sont parmi les païens à renoncer à Moïse, leur disant de ne pas circoncire les enfants et de ne pas se conformer aux coutumes. 22 Que faire donc? Sans aucun doute la multitude se rassemblera, car on saura que tu es venu. 23 C'est pourquoi fais ce que nous allons te dire. Il y a parmi nous quatre hommes qui ont fait un voeu;

24 prends-les avec toi, purifie-toi avec eux, et pourvois à leur dépense, afin qu'ils se rasent la tête. Et ainsi tous sauront que ce qu'ils ont entendu dire sur ton compte est faux, mais que toi aussi tu te conduis en observateur de la loi.

25 A l'égard des païens qui ont cru, nous avons décidé et nous leur avons écrit qu'ils eussent à s'abstenir des viandes sacrifiées aux idoles, du sang, des animaux étouffés, et de l'impudicité. 26 Alors Paul prit ces hommes, se purifia, et entra le lendemain dans le temple avec eux, pour annoncer à quel jour la purification serait accomplie et l'offrande présentée pour chacun d'eux. 27 Sur la fin des sept jours, les Juifs d'Asie, ayant vu Paul dans le temple, soulevèrent toute la foule, et mirent la main sur lui, 28 en criant: Hommes Israélites, au

secours! Voici l'homme qui prêche partout et à tout le monde contre le peuple, contre la loi et contre ce lieu; il a même introduit des Grecs dans le temple, et a profané ce saint lieu. 29 Car ils avaient vu auparavant Trophime d'Ephèse avec lui dans la ville, et ils croyaient que Paul l'avait fait entrer dans le temple. 30 Toute la ville fut émue, et le peuple accourut de toutes parts. Ils se saisirent de Paul, et le traînèrent hors du temple, dont les portes furent aussitôt fermées. 31 Comme ils cherchaient à le tuer, le bruit vint au tribun de la cohorte que tout Jérusalem était en confusion. 32 A l'instant il prit des soldats et des centeniers, et courut à eux. Voyant le tribun et les soldats, ils cessèrent de frapper Paul. 33 Alors le tribun s'approcha, se saisit de lui, et le fit lier de deux chaînes. Puis il demanda qui il était, et ce qu'il avait fait. 34 Mais dans la foule les uns criaient d'une manière, les autres d'une autre; ne pouvant donc rien apprendre de certain, à cause du tumulte, il ordonna de le mener dans la forteresse. 35 Lorsque Paul fut sur les degrés, il dut être porté par les soldats, à cause de la violence de la foule; 36 car la multitude du peuple suivait, en criant: Fais-le mourir! 37 Au moment d'être introduit dans la forteresse, Paul dit au tribun: M'est-il permis de te dire quelque chose? Le tribun répondit: Tu sais le grec? 38 Tu n'es donc pas cet Egyptien qui s'est révolté dernièrement, et qui a emmené dans le désert quatre mille brigands? 39 Je suis Juif, reprit Paul, de Tarse en Cilicie, citoyen d'une ville qui n'est pas sans importance. Permets-moi, je te prie, de parler au peuple. 40 Le tribun le lui ayant permis, Paul, debout sur les degrés, fit signe de la main au peuple. Un profond silence s'établit, et Paul, parlant en langue hébraïque, dit:

NOTES

MERCREDI

A LIRE :
Actes 21

SOAP :
Actes 21 :19–20a

Écritures

RECOPIEZ LE
PASSAGE DU JOUR
À LA MAIN.

Observations

NOTEZ 1 OU 2
OBSERVATIONS
TIRÉES DE CE
PASSAGE.

Applications

NOTEZ 1 OU 2
APPLICATIONS
CONCRÈTES TIRÉES
DE CE PASSAGE.

Prière

ÉCRIVEZ UNE
PRIÈRE CONCERNANT
CE QUE VOUS AVEZ
APPRIS DU PASSAGE
D'AUJOURD'HUI.

JEUDI

Actes 22: 1-29

1 Hommes frères et pères, écoutez ce que j'ai maintenant à vous dire pour ma défense! 2 Lorsqu'ils entendirent qu'il leur parlait en langue hébraïque, ils redoublèrent de silence. Et Paul dit: 3 je suis Juif, né à Tarse en Cilicie; mais j'ai été élevé dans cette ville-ci, et instruit aux pieds de Gamaliel dans la connaissance exacte de la loi de nos pères, étant plein de zèle pour Dieu, comme vous l'êtes tous aujourd'hui. 4 J'ai persécuté à mort cette doctrine, liant et mettant en prison hommes et femmes. 5 Le souverain sacrificateur et tout le collège des anciens m'en sont témoins. J'ai même reçu d'eux des lettres pour les frères de Damas, où je me rendis afin d'amener liés à Jérusalem ceux qui se trouvaient là et de les faire punir. 6 Comme j'étais en chemin, et que j'approchais de Damas, tout à coup, vers midi, une grande lumière venant du ciel resplendit autour de moi. 7 Je tombai par terre, et j'entendis une voix qui me disait: Saul, Saul, pourquoi me persécutes-tu? 8 Je répondis: Qui es-tu, Seigneur? Et il me dit: Je suis Jésus de Nazareth, que tu persécutes. 9 Ceux qui étaient avec moi virent bien la lumière, mais ils n'entendirent pas la voix de celui qui parlait. 0 Alors je dis: Que ferai-je, Seigneur? Et le Seigneur me dit: Lève-toi, va à Damas, et là on te dira tout ce que tu dois faire. 1 Comme je ne voyais rien, à cause de l'éclat de cette lumière, ceux qui étaient avec moi me prirent par la main, et j'arrivai à Damas. 12 Or, un nommé Ananias, homme pieux selon la loi, et de qui tous les Juifs demeurant à Damas rendaient un bon témoignage, 13 vint se présenter à moi, et me dit: Saul, mon frère, recouvre la vue. Au même instant, je recouvrai la vue et je le regardai. 14 Il dit: Le Dieu de nos pères t'a destiné à connaître sa volonté, à voir le Juste, et à entendre les paroles de sa bouche; 15 car tu lui serviras de témoin, auprès de tous les hommes, des choses que tu as vues et entendues. 16 Et maintenant, que tardes-tu? Lève-toi, sois baptisé, et lavé de tes péchés, en invoquant le nom du Seigneur. 17 De retour à Jérusalem, comme je priais dans le temple, je fus ravi en extase, 18 et je vis le Seigneur qui me disait: Hâte-toi, et sors promptement de Jérusalem, parce qu'ils ne recevront pas ton témoignage sur moi. 19 Et je dis: Seigneur, ils savent eux-mêmes que je faisais mettre en prison et battre de verges dans les synagogues ceux qui croyaient en toi, 20 et que, lorsqu'on répandit le sang d'Etienne, ton témoin, j'étais moi-même présent, joignant mon approbation à celle des autres, et gardant les vêtements de ceux qui le faisaient mourir. 1 Alors il me dit: Va, je t'enverrai au loin vers les nations....

22 Ils l'écoutèrent jusqu'à cette parole. Mais alors ils élevèrent la voix, disant: Ote de la terre un pareil homme! Il n'est pas digne de vivre. 23 Et ils poussaient des cris, jetaient leurs vêtements, lançaient de la poussière en l'air. 24 Le tribun commanda de faire entrer Paul dans la forteresse, et de lui donner la question par le fouet, afin de savoir pour quel motif ils criaient ainsi contre lui. 25 Lorsqu'on l'eut exposé au fouet, Paul dit au centenier qui était présent: Vous est-il permis de battre de verges un citoyen romain, qui n'est pas même condamné? 26 A ces mots, le centenier alla vers le tribun pour l'avertir, disant: Que vas-tu faire? Cet homme est Romain. 27 Et le tribun, étant venu, dit à Paul: Dis-moi, es-tu Romain? Oui, répondit-il. 28 Le tribun reprit: C'est avec beaucoup d'argent que j'ai acquis ce droit de citoyen. Et moi, dit Paul, je l'ai par ma naissance. 29 Aussitôt ceux qui devaient lui donner la question se retirèrent, et le tribun, voyant que Paul était Romain, fut dans la crainte parce qu'il l'avait fait lier.

Matthieu 28: 19-20

19 Allez, faites de toutes les nations des disciples, les baptisant au nom du Père, du Fils et du Saint-Esprit, 20 et enseignez-leur à observer tout ce que je vous ai prescrit. Et voici, je suis avec vous tous les jours, jusqu'à la fin du monde.

JEUDI

A LIRE :
Actes 22 :1–29; Matthieu 28:19-20

SOAP :
Actes 22 :15–16; Matthieu 28:19-20

Écritures

RECOPIEZ LE
PASSAGE DU JOUR
À LA MAIN.

Observations

NOTEZ 1 OU 2
OBSERVATIONS
TIRÉES DE CE
PASSAGE.

Applications

NOTEZ 1 OU 2
APPLICATIONS
CONCRÈTES TIRÉES
DE CE PASSAGE.

Prière

ÉCRIVEZ UNE
PRIÈRE CONCERNANT
CE QUE VOUS AVEZ
APPRIS DU PASSAGE
D'AUJOURD'HUI.

VENDREDI
Écritures de la Semaine 5

Actes 22:30; 23: 1-35

22:30 Le lendemain, voulant savoir avec certitude de quoi les Juifs l'accusaient, le tribun lui fit ôter ses liens, et donna l'ordre aux principaux sacrificateurs et à tout le sanhédrin de se réunir; puis, faisant descendre Paul, il le plaça au milieu d'eux.

23:1 Paul, les regards fixés sur le sanhédrin, dit: Hommes frères, c'est en toute bonne conscience que je me suis conduit jusqu'à ce jour devant Dieu... 2 Le souverain sacrificateur Ananias ordonna à ceux qui étaient près de lui de le frapper sur la bouche. 3 Alors Paul lui dit: Dieu te frappera, muraille blanchie! Tu es assis pour me juger selon la loi, et tu violes la loi en ordonnant qu'on me frappe! 4 Ceux qui étaient près de lui dirent: Tu insultes le souverain sacrificateur de Dieu! 5 Et Paul dit: Je ne savais pas, frères, que ce fût le souverain sacrificateur; car il est écrit: Tu ne parleras pas mal du chef de ton peuple.

6 Paul, sachant qu'une partie de l'assemblée était composée de sadducéens et l'autre de pharisiens, s'écria dans le sanhédrin: Hommes frères, je suis pharisien, fils de pharisiens; c'est à cause de l'espérance et de la résurrection des morts que je suis mis en jugement. 7 Quand il eut dit cela, il s'éleva une discussion entre les pharisiens et les sadducéens, et l'assemblée se divisa. 8 Car les sadducéens disent qu'il n'y a point de résurrection, et qu'il n'existe ni ange ni esprit, tandis que les pharisiens affirment les deux choses. 9 Il y eut une grande clameur, et quelques scribes du parti des pharisiens, s'étant levés, engagèrent un vif débat, et dirent: Nous ne trouvons aucun mal en cet homme; peut-être un esprit ou un ange lui a-t-il parlé. 10 Comme la discorde allait croissant, le tribun craignant que Paul ne fût mis en pièces par ces gens, fit descendre les soldats pour l'enlever du milieu d'eux et le conduire à la forteresse.

11 La nuit suivante, le Seigneur apparut à Paul, et dit: Prends courage; car, de même que tu as rendu témoignage de moi dans Jérusalem, il faut aussi que tu rendes témoignage dans Rome. 12 Quand le jour fut venu, les Juifs formèrent un complot, et firent des imprécations contre eux-mêmes, en disant qu'ils s'abstiendraient de manger et de boire jusqu'à ce qu'ils eussent tué Paul. 13 Ceux qui formèrent ce complot étaient plus de quarante, 14 et ils allèrent trouver les principaux sacrificateurs et les anciens, auxquels ils dirent: Nous nous sommes engagés, avec des imprécations contre nous-mêmes, à ne rien manger jusqu'à ce que nous ayons tué Paul. 15 Vous donc, maintenant, adressez-vous avec le sanhédrin au tribun, pour qu'il l'amène devant vous, comme si vous vouliez examiner sa cause plus exactement; et nous, avant qu'il approche, nous sommes prêts à le tuer.

16 Le fils de la soeur de Paul, ayant eu connaissance du guet-apens, alla dans la forteresse en informer Paul. 17 Paul appela l'un des centeniers, et dit: Mène ce jeune homme vers le tribun, car il a quelque chose à lui rapporter. 18 Le centenier prit le jeune homme avec lui, le conduisit vers le tribun, et dit: Le prisonnier Paul m'a appelé, et il m'a prié de t'amener ce jeune homme, qui a quelque chose à te dire. 19 Le tribun, prenant le jeune homme par la main, et se retirant à l'écart, lui demanda: Qu'as-tu à m'annoncer? 20 Il répondit: Les Juifs sont convenus de te prier d'amener Paul demain devant le sanhédrin, comme si tu devais t'enquérir de lui plus exactement. 21 Ne les écoute pas, car plus de quarante d'entre eux lui dressent un guet-apens, et se sont engagés, avec des imprécations contre eux-mêmes, à ne rien manger ni boire jusqu'à ce qu'ils l'aient tué; maintenant ils sont prêts, et n'attendent que ton consentement. 22 Le tribun renvoya le jeune homme, après lui avoir recommandé de ne parler à personne de ce rapport qu'il lui avait fait. 23 Ensuite il appela deux des centeniers, et dit: Tenez prêts, dès la troisième heure de la nuit, deux cents soldats, soixante-dix cavaliers

et deux cents archers, pour aller jusqu'à Césarée. 24 Qu'il y ait aussi des montures pour Paul, afin qu'on le mène sain et sauf au gouverneur Félix. 25 Il écrivit une lettre ainsi conçue:

26 Claude Lysias au très excellent gouverneur Félix, salut! 27 Cet homme, dont les Juifs s'étaient saisis, allait être tué par eux, lorsque je survins avec des soldats et le leur enlevai, ayant appris qu'il était Romain. 28 Voulant connaître le motif pour lequel ils l'accusaient, je l'amenai devant leur sanhédrin. 29 J'ai trouvé qu'il était accusé au sujet de questions relatives à leur loi, mais qu'il n'avait commis aucun crime qui mérite la mort ou la prison. 30 Informé que les Juifs lui dressaient des embûches, je te l'ai aussitôt envoyé, en faisant savoir à ses accusateurs qu'ils eussent à s'adresser eux-mêmes à toi. Adieu.

31 Les soldats, selon l'ordre qu'ils avaient reçu, prirent Paul, et le conduisirent pendant la nuit jusqu'à Antipatris. 32 Le lendemain, laissant les cavaliers poursuivre la route avec lui, ils retournèrent à la forteresse. 33 Arrivés à Césarée, les cavaliers remirent la lettre au gouverneur, et lui présentèrent Paul. 34 Le gouverneur, après avoir lu la lettre, demanda de quelle province était Paul. Ayant appris qu'il était de la Cilicie: 35 Je t'entendrai, dit-il, quand tes accusateurs seront venus. Et il ordonna qu'on le gardât dans le prétoire d'Hérode.

NOTES

VENDREDI

A LIRE :
Actes 22 :30–23:35

SOAP :
Actes 23 :10–11

Écritures

RECOPIEZ LE
PASSAGE DU JOUR
À LA MAIN.

Observations

NOTEZ 1 OU 2
OBSERVATIONS
TIRÉES DE CE
PASSAGE.

Applications

NOTEZ 1 OU 2
APPLICATIONS
CONCRÈTES TIRÉES
DE CE PASSAGE.

Prière

ÉCRIVEZ UNE
PRIÈRE CONCERNANT
CE QUE VOUS AVEZ
APPRIS DU PASSAGE
D'AUJOURD'HUI.

QUESTIONS
DE RÉFLEXION

1. Comment le courage de Paul a-t-il aidé la propagation de l'évangile ?

2. Être encouragée par la Parole de Dieu, qu'est-ce que ça veut dire ?

3. Quand Paul dit dans Actes 20:32 que ceux qui sont sanctifiés recevront un héritage, qu'est-ce qu'il veut dire ?

4. Est-ce que cela vous est déjà arrivé d'être encouragée par le ministère de quelqu'un d'autre ? Pour quelle raison son ministère vous a-t-il encouragée ?

5. De quelle manière la fidélité de Dieu dans le passé vous a-t-elle donné le courage de continuer dans le travail qu'il a prévu pour vous ?

NOTES

SEMAINE 6

Paul demeura deux ans entiers dans une maison qu'il avait louée. Il recevait tous ceux qui venaient le voir, prêchant le royaume de Dieu et enseignant ce qui concerne le Seigneur Jésus-Christ, en toute liberté et sans obstacle.

ACTES 28:30-31

PRIÈRE

Cette semaine, concentrez vos prières sur vous.

LUNDI

MARDI

MERCREDI

JEUDI

VENDREDI

DÉFI

Paul était convaincu que Dieu continuerait de l'aider et de le délivrer en temps voulu. Cette semaine, faites une liste des façons dont Dieu a été fidèle dans votre vie. Mettez cette liste là où vous la verrez tous les jours. Quand vous la lisez, remerciez Dieu de sa fidélité, et demandez-Lui la foi pour croire en sa délivrance.

LUNDI

Actes 24

1 Cinq jours après, arriva le souverain sacrificateur Ananias, avec des anciens et un orateur nommé Tertulle. Ils portèrent plainte au gouverneur contre Paul. 2 Paul fut appelé, et Tertulle se mit à l'accuser, en ces termes: 3 Très excellent Félix, tu nous fais jouir d'une paix profonde, et cette nation a obtenu de salutaires réformes par tes soins prévoyants; c'est ce que nous reconnaissons en tout et partout avec une entière gratitude. 4 Mais, pour ne pas te retenir davantage, je te prie d'écouter, dans ta bonté, ce que nous avons à dire en peu de mots. Nous avons trouvé cet homme, qui est une peste, qui excite des divisions parmi tous les Juifs du monde, qui est chef de la secte des Nazaréens, 6 et qui même a tenté de profaner le temple. Et nous l'avons arrêté. Nous avons voulu le juger selon notre loi; 7 mais le tribun Lysias étant survenu, l'a arraché de nos mains avec une grande violence, 8 en ordonnant à ses accusateurs de venir devant toi. Tu pourras toi-même, en l'interrogeant, apprendre de lui tout ce dont nous l'accusons. 9 Les Juifs se joignirent à l'accusation, soutenant que les choses étaient ainsi.

10 Après que le gouverneur lui eut fait signe de parler, Paul répondit: Sachant que, depuis plusieurs années, tu es juge de cette nation, c'est avec confiance que je prends la parole pour défendre ma cause. 11 Il n'y a pas plus de douze jours, tu peux t'en assurer, que je suis monté à Jérusalem pour adorer. 12 On ne m'a trouvé ni dans le temple, ni dans les synagogues, ni dans la ville, disputant avec quelqu'un, ou provoquant un rassemblement séditieux de la foule. 13 Et ils ne sauraient prouver ce dont ils m'accusent maintenant. 14 Je t'avoue bien que je sers le Dieu de mes pères selon la voie qu'ils appellent une secte, croyant tout ce qui est écrit dans la loi et dans les prophètes, 15 et ayant en Dieu cette espérance, comme ils l'ont eux-mêmes, qu'il y aura une résurrection des justes et des injustes. 16 C'est pourquoi je m'efforce d'avoir constamment une conscience sans reproche devant Dieu et devant les hommes. 17 Après une absence de plusieurs années, je suis venu pour faire des aumônes à ma nation, et pour présenter des offrandes. 18 C'est alors que quelques Juifs d'Asie m'ont trouvé purifié dans le temple, sans attroupement ni tumulte. 19 C'était à eux de paraître en ta présence et de se porter accusateurs, s'ils avaient quelque chose contre moi. 20 Ou bien, que ceux-ci déclarent de quel crime ils m'ont trouvé coupable, lorsque j'ai comparu devant le sanhédrin, 21 moins que ce ne soit uniquement de ce cri que j'ai fait entendre au milieu d'eux: C'est à cause de la résurrection des morts que je suis aujourd'hui mis en jugement devant vous.

22 Félix, qui savait assez exactement ce qui concernait cette doctrine, les ajourna, en disant: Quand le tribun Lysias sera venu, j'examinerai votre affaire. 23 Et il donna l'ordre au centenier de garder Paul, en lui laissant une certaine liberté, et en n'empêchant aucun des siens de lui rendre des services. 24 Quelques jours après, Félix vint avec Drusille, sa femme, qui était Juive, et il fit appeler Paul. Il l'entendit sur la foi en Christ. 25 Mais, comme Paul discourait sur la justice, sur la tempérance, et sur le jugement à venir, Félix, effrayé, dit: Pour le moment retire-toi; quand j'en trouverai l'occasion, je te rappellerai. 26 Il espérait en même temps que Paul lui donnerait de l'argent; aussi l'envoyait-il chercher assez fréquemment, pour s'entretenir avec lui. 27 Deux ans s'écoulèrent ainsi, et Félix eut pour successeur Porcius Festus. Dans le désir de plaire aux Juifs, Félix laissa Paul en prison.

LUNDI

A LIRE :
Actes 24

SOAP :
Actes 24 :15–16

Écritures

RECOPIEZ LE
PASSAGE DU JOUR
À LA MAIN.

Observations

NOTEZ 1 OU 2
OBSERVATIONS
TIRÉES DE CE
PASSAGE.

Applications

NOTEZ 1 OU 2
APPLICATIONS
CONCRÈTES TIRÉES
DE CE PASSAGE.

Prière

ÉCRIVEZ UNE
PRIÈRE CONCERNANT
CE QUE VOUS AVEZ
APPRIS DU PASSAGE
D'AUJOURD'HUI.

MARDI

Actes 25

1 Festus, étant arrivé dans la province, monta trois jours après de Césarée à Jérusalem. 2 Les principaux sacrificateurs et les principaux d'entre les Juifs lui portèrent plainte contre Paul. Ils firent des instances auprès de lui, et, 3 dans des vues hostiles, lui demandèrent comme une faveur qu'il le fît venir à Jérusalem. Ils préparaient un guet-apens, pour le tuer en chemin. 4 Festus répondit que Paul était gardé à Césarée, et que lui-même devait partir sous peu. 5 Que les principaux d'entre vous descendent avec moi, dit-il, et s'il y a quelque chose de coupable en cet homme, qu'ils l'accusent.

6 Festus ne passa que huit à dix jours parmi eux, puis il descendit à Césarée. Le lendemain, s'étant assis sur son tribunal, il donna l'ordre qu'on amenât Paul. 7 Quand il fut arrivé, les Juifs qui étaient venus de Jérusalem l'entourèrent, et portèrent contre lui de nombreuses et graves accusations, qu'ils n'étaient pas en état de prouver. 8 Paul entreprit sa défense, en disant: Je n'ai rien fait de coupable, ni contre la loi des Juifs, ni contre le temple, ni contre César. 9 Festus, désirant plaire aux Juifs, répondit à Paul: Veux-tu monter à Jérusalem, et y être jugé sur ces choses en ma présence? 10 Paul dit: C'est devant le tribunal de César que je comparais, c'est là que je dois être jugé. Je n'ai fait aucun tort aux Juifs, comme tu le sais fort bien. 11 Si j'ai commis quelque injustice, ou quelque crime digne de mort, je ne refuse pas de mourir; mais, si les choses dont ils m'accusent sont fausses, personne n'a le droit de me livrer à eux. J'en appelle à César. 12 Alors Festus, après avoir délibéré avec le conseil, répondit: Tu en as appelé à César; tu iras devant César.

13 Quelques jours après, le roi Agrippa et Bérénice arrivèrent à Césarée, pour saluer Festus. 14 Comme ils passèrent là plusieurs jours, Festus exposa au roi l'affaire de Paul, et dit: Félix a laissé prisonnier un homme 5 contre lequel, lorsque j'étais à Jérusalem, les principaux sacrificateurs et les anciens des Juifs ont porté plainte, en demandant sa condamnation. 16 Je leur ai répondu que ce n'est pas la coutume des Romains de livrer un homme avant que l'inculpé ait été mis en présence de ses accusateurs, et qu'il ait eu la faculté de se défendre sur les choses dont on l'accuse. 17 Ils sont donc venus ici, et, sans différer, je m'assis le lendemain sur mon tribunal, et je donnai l'ordre qu'on amenât cet homme. 18 Les accusateurs, s'étant présentés, ne lui imputèrent rien de ce que je supposais; 19 ils avaient avec lui des discussions relatives à leur religion particulière, et à un certain Jésus qui est mort, et que Paul affirmait être vivant. 20 Ne sachant quel parti prendre dans ce débat, je lui demandai s'il voulait aller à Jérusalem, et y être jugé sur ces choses. 21 Mais Paul en ayant appelé, pour que sa cause fût réservée à la connaissance de l'empereur, j'ai ordonné qu'on le gardât jusqu'à ce que je l'envoyasse à César. 22 Agrippa dit à Festus: Je voudrais aussi entendre cet homme. Demain, répondit Festus, tu l'entendras.

23 Le lendemain donc, Agrippa et Bérénice vinrent en grande pompe, et entrèrent dans le lieu de l'audience avec les tribuns et les principaux de la ville. Sur l'ordre de Festus, Paul fut amené. 24 Alors Festus dit: Roi Agrippa, et vous tous qui êtes présents avec nous, vous voyez cet homme au sujet duquel toute la multitude des Juifs s'est adressée à moi, soit à Jérusalem, soit ici, en s'écriant qu'il ne devait plus vivre. 25 Pour moi, ayant reconnu qu'il n'a rien fait qui mérite la mort, et lui-même en ayant appelé à l'empereur, j'ai résolu de le faire partir. 26 Je n'ai rien de certain à écrire à l'empereur sur son compte; c'est pourquoi je l'ai fait paraître devant vous, et surtout devant toi, roi Agrippa, afin de savoir qu'écrire, après qu'il aura été examiné. 27 Car il me semble absurde d'envoyer un prisonnier sans indiquer de quoi on l'accuse.

Psaume 23: 4-6

4 Quand je marche dans la vallée de l'ombre de la mort, Je ne crains aucun mal, car tu es avec moi: Ta houlette et ton bâton me rassurent. 5 Tu dresses devant moi une table, En face de mes adversaires; Tu oins d'huile ma tête, Et ma coupe déborde. 6 Oui, le bonheur et la grâce m'accompagneront Tous les jours de ma vie, Et j'habiterai dans la maison de l'Eternel Jusqu'à la fin de mes jours.

NOTES

MARDI

A LIRE :
Actes 25 ; Psaume 23 :4-6

SOAP :
Actes 25 :10–11 ; Psaume 23:4-6

Écritures

RECOPIEZ LE
PASSAGE DU JOUR
À LA MAIN.

Observations

NOTEZ 1 OU 2
OBSERVATIONS
TIRÉES DE CE
PASSAGE.

Applications

NOTEZ 1 OU 2
APPLICATIONS
CONCRÈTES TIRÉES
DE CE PASSAGE.

Prière

ÉCRIVEZ UNE
PRIÈRE CONCERNANT
CE QUE VOUS AVEZ
APPRIS DU PASSAGE
D'AUJOURD'HUI.

MERCREDI
Écritures de la Semaine 6

Actes 26

1 Agrippa dit à Paul: Il t'est permis de parler pour ta défense. Et Paul, ayant étendu la main, se justifia en ces termes: 2 Je m'estime heureux, roi Agrippa, d'avoir aujourd'hui à me justifier devant toi de toutes les choses dont je suis accusé par les Juifs, 3 car tu connais parfaitement leurs coutumes et leurs discussions. Je te prie donc de m'écouter avec patience. 4 Ma vie, dès les premiers temps de ma jeunesse, est connue de tous les Juifs, puisqu'elle s'est passée à Jérusalem, au milieu de ma nation. 5 Ils savent depuis longtemps, s'ils veulent le déclarer, que j'ai vécu pharisien, selon la secte la plus rigide de notre religion. 6 Et maintenant, je suis mis en jugement parce que j'espère l'accomplissement de la promesse que Dieu a faite à nos pères, 7 et à laquelle aspirent nos douze tribus, qui servent Dieu continuellement nuit et jour. C'est pour cette espérance, ô roi, que je suis accusé par des Juifs! 8 Quoi! vous semble-t-il incroyable que Dieu ressuscite les morts? 9 Pour moi, j'avais cru devoir agir vigoureusement contre le nom de Jésus de Nazareth. 10 C'est ce que j'ai fait à Jérusalem. J'ai jeté en prison plusieurs des saints, ayant reçu ce pouvoir des principaux sacrificateurs, et, quand on les mettait à mort, je joignais mon suffrage à celui des autres. 11 je les ai souvent châtiés dans toutes les synagogues, et je les forçais à blasphémer. Dans mes excès de fureur contre eux, je les persécutais même jusque dans les villes étrangères.

12 C'est dans ce but que je me rendis à Damas, avec l'autorisation et la permission des principaux sacrificateurs. 13 Vers le milieu du jour, ô roi, je vis en chemin resplendir autour de moi et de mes compagnons une lumière venant du ciel, et dont l'éclat surpassait celui du soleil. 14 Nous tombâmes tous par terre, et j'entendis une voix qui me disait en langue hébraïque: Saul, Saul, pourquoi me persécutes-tu? Il te serait dur de regimber contre les aiguillons. 15 Je répondis: Qui es-tu, Seigneur? Et le Seigneur dit: Je suis Jésus que tu persécutes. 16 Mais lève-toi, et tiens-toi sur tes pieds; car je te suis apparu pour t'établir ministre et témoin des choses que tu as vues et de celles pour lesquelles je t'apparaîtrai. 17 Je t'ai choisi du milieu de ce peuple et du milieu des païens, vers qui je t'envoie, 18 afin que tu leur ouvres les yeux, pour qu'ils passent des ténèbres à la lumière et de la puissance de Satan à Dieu, pour qu'ils reçoivent, par la foi en moi, le pardon des péchés et l'héritage avec les sanctifiés.

19 En conséquence, roi Agrippa, je n'ai point résisté à la vision céleste: 20 à ceux de Damas d'abord, puis à Jérusalem, dans toute la Judée, et chez les païens, j'ai prêché la repentance et la conversion à Dieu, avec la pratique d'oeuvres dignes de la repentance. 21 Voilà pourquoi les Juifs se sont saisis de moi dans le temple, et ont tâché de me faire périr. 22 Mais, grâce au secours de Dieu, j'ai subsisté jusqu'à ce jour, rendant témoignage devant les petits et les grands, sans m'écarter en rien de ce que les prophètes et Moïse ont déclaré devoir arriver, 3 savoir que le Christ souffrirait, et que, ressuscité le premier d'entre les morts, il annoncerait la lumière au peuple et aux nations.

24 Comme il parlait ainsi pour sa justification, Festus dit à haute voix: Tu es fou, Paul! Ton grand savoir te fait déraisonner. 25 Je ne suis point fou, très excellent Festus, répliqua Paul; ce sont, au contraire, des paroles de vérité et de bon sens que je prononce. 26 Le roi est instruit de ces choses, et je lui en parle librement; car je suis persuadé qu'il n'en ignore aucune, puisque ce n'est pas en cachette qu'elles se sont passées. 27 Crois-tu aux prophètes, roi Agrippa?... Je sais que tu y crois. 28 Et Agrippa dit à Paul: Tu vas bientôt me persuader de devenir chrétien! 29 Paul répondit: Que ce soit bientôt ou que ce soit tard, plaise à Dieu que non seulement toi, mais encore tous ceux qui m'écoutent aujourd'hui, vous deveniez tels que

je suis, à l'exception de ces liens! 30 Le roi, le gouverneur, Bérénice, et tous ceux qui étaient assis avec eux se levèrent, 31 et, en se retirant, ils se disaient les uns aux autres: Cet homme n'a rien fait qui mérite la mort ou la prison. 32 Et Agrippa dit à Festus: Cet homme pouvait être relâché, s'il n'en eût pas appelé à César.

NOTES

MERCREDI

A LIRE :
Actes 26

SOAP :
Actes 26 :22–23

Écritures

RECOPIEZ LE
PASSAGE DU JOUR
À LA MAIN.

Observations

NOTEZ 1 OU 2
OBSERVATIONS
TIRÉES DE CE
PASSAGE.

Applications

NOTEZ 1 OU 2
APPLICATIONS
CONCRÈTES TIRÉES
DE CE PASSAGE.

Prière

ÉCRIVEZ UNE
PRIÈRE CONCERNANT
CE QUE VOUS AVEZ
APPRIS DU PASSAGE
D'AUJOURD'HUI.

Actes 27

1 Lorsqu'il fut décidé que nous nous embarquerions pour l'Italie, on remit Paul et quelques autres prisonniers à un centenier de la cohorte Auguste, nommé Julius. 2 Nous montâmes sur un navire d'Adramytte, qui devait côtoyer l'Asie, et nous partîmes, ayant avec nous Aristarque, Macédonien de Thessalonique. 3 Le jour suivant, nous abordâmes à Sidon; et Julius, qui traitait Paul avec bienveillance, lui permit d'aller chez ses amis et de recevoir leurs soins. 4 Partis de là, nous longeâmes l'île de Chypre, parce que les vents étaient contraires. 5 Après avoir traversé la mer qui baigne la Cilicie et la Pamphylie, nous arrivâmes à Myra en Lycie. 6 Et là, le centenier, ayant trouvé un navire d'Alexandrie qui allait en Italie, nous y fit monter. 7 Pendant plusieurs jours nous naviguâmes lentement, et ce ne fut pas sans difficulté que nous atteignîmes la hauteur de Cnide, où le vent ne nous permit pas d'aborder. Nous passâmes au-dessous de l'île de Crète, du côté de Salmone. 8 Nous la côtoyâmes avec peine, et nous arrivâmes à un lieu nommé Beaux Ports, près duquel était la ville de Lasée.

9 Un temps assez long s'était écoulé, et la navigation devenait dangereuse, car l'époque même du jeûne était déjà passée. C'est pourquoi Paul avertit 10 les autres, en disant: O hommes, je vois que la navigation ne se fera pas sans péril et sans beaucoup de dommage, non seulement pour la cargaison et pour le navire, mais encore pour nos personnes. 11 Le centenier écouta le pilote et le patron du navire plutôt que les paroles de Paul. 12 Et comme le port n'était pas bon pour hiverner, la plupart furent d'avis de le quitter pour tâcher d'atteindre Phénix, port de Crète qui regarde le sud-ouest et le nord-ouest, afin d'y passer l'hiver. 13 Un léger vent du sud vint à souffler, et, se croyant maîtres de leur dessein, ils levèrent l'ancre et côtoyèrent de près l'île de Crète. 14 Mais bientôt un vent impétueux, qu'on appelle Euraquilon, se déchaîna sur l'île. 15 Le navire fut entraîné, sans pouvoir lutter contre le vent, et nous nous laissâmes aller à la dérive. 16 Nous passâmes au-dessous d'une petite île nommée Clauda, et nous eûmes de la peine à nous rendre maîtres de la chaloupe; 7 après l'avoir hissée, on se servit des moyens de secours pour ceindre le navire, et, dans la crainte de tomber sur la Syrte, on abaissa les voiles. C'est ainsi qu'on se laissa emporter par le vent. 18 Comme nous étions violemment battus par la tempête, le lendemain on jeta la cargaison à la mer, 19 et le troisième jour nous y lançâmes de nos propres mains les agrès du navire. 20 Le soleil et les étoiles ne parurent pas pendant plusieurs jours, et la tempête était si forte que nous perdîmes enfin toute espérance de nous sauver.

21 On n'avait pas mangé depuis longtemps. Alors Paul, se tenant au milieu d'eux, leur dit: O hommes, il fallait m'écouter et ne pas partir de Crète, afin d'éviter ce péril et ce dommage. 22 Maintenant je vous exhorte à prendre courage; car aucun de vous ne périra, et il n'y aura de perte que celle du navire. 23 Un ange du Dieu à qui j'appartiens et que je sers m'est apparu cette nuit, 24 et m'a dit: Paul, ne crains point; il faut que tu comparaisses devant César, et voici, Dieu t'a donné tous ceux qui naviguent avec toi. 25 C'est pourquoi, ô hommes, rassurez-vous, car j'ai cette confiance en Dieu qu'il en sera comme il m'a été dit. 26 Mais nous devons échouer sur une île. 27 La quatorzième nuit, tandis que nous étions ballottés sur l'Adriatique, les matelots, vers le milieu de la nuit, soupçonnèrent qu'on approchait de quelque terre. 28 Ayant jeté la sonde, ils trouvèrent vingt brasses; un peu plus loin, ils la jetèrent de nouveau, et trouvèrent quinze brasses. 29 Dans la crainte de heurter contre des écueils, ils jetèrent quatre ancres de la poupe, et attendirent le jour avec impatience.

30 Mais, comme les matelots cherchaient à s'échapper du navire, et mettaient la chaloupe à

la mer sous prétexte de jeter les ancres de la proue, 31 Paul dit au centenier et aux soldats: Si ces hommes ne restent pas dans le navire, vous ne pouvez être sauvés. 32 Alors les soldats coupèrent les cordes de la chaloupe, et la laissèrent tomber. 33 Avant que le jour parût, Paul exhorta tout le monde à prendre de la nourriture, disant: C'est aujourd'hui le quatorzième jour que vous êtes dans l'attente et que vous persistez à vous abstenir de manger. 34 Je vous invite donc à prendre de la nourriture, car cela est nécessaire pour votre salut, et il ne se perdra pas un cheveu de la tête d'aucun de vous. 35 Ayant ainsi parlé, il prit du pain, et, après avoir rendu grâces à Dieu devant tous, il le rompit, et se mit à manger. 36 Et tous, reprenant courage, mangèrent aussi. 37 Nous étions, dans le navire, deux cent soixante-seize personnes en tout. 38 Quand ils eurent mangé suffisamment, ils allégèrent le navire en jetant le blé à la mer. 39 Lorsque le jour fut venu, ils ne reconnurent point la terre; mais, ayant aperçu un golfe avec une plage, ils résolurent d'y pousser le navire, s'ils le pouvaient. 40 Ils délièrent les ancres pour les laisser aller dans la mer, et ils relâchèrent en même temps les attaches des gouvernails; puis ils mirent au vent la voile d'artimon, et se dirigèrent vers le rivage. 41 Mais ils rencontrèrent une langue de terre, où ils firent échouer le navire; et la proue, s'étant engagée, resta immobile, tandis que la poupe se brisait par la violence des vagues. 42 Les soldats furent d'avis de tuer les prisonniers, de peur que quelqu'un d'eux ne s'échappât à la nage. 43 Mais le centenier, qui voulait sauver Paul, les empêcha d'exécuter ce dessein. Il ordonna à ceux qui savaient nager de se jeter les premiers dans l'eau pour gagner la terre, 44 et aux autres de se mettre sur des planches ou sur des débris du navire. Et ainsi tous parvinrent à terre sains et saufs.

NOTES

JEUDI

A LIRE :
Actes 27

SOAP :
Actes 27 :22–25

Écritures

RECOPIEZ LE
PASSAGE DU JOUR
À LA MAIN.

Observations

NOTEZ 1 OU 2
OBSERVATIONS
TIRÉES DE CE
PASSAGE.

Applications

NOTEZ 1 OU 2
APPLICATIONS
CONCRÈTES TIRÉES
DE CE PASSAGE.

Prière

ÉCRIVEZ UNE
PRIÈRE CONCERNANT
CE QUE VOUS AVEZ
APPRIS DU PASSAGE
D'AUJOURD'HUI.

VENDREDI
Écritures de la Semaine 6

Actes 28

1 Après nous être sauvés, nous reconnûmes que l'île s'appelait Malte. 2 Les barbares nous témoignèrent une bienveillance peu commune; ils nous recueillirent tous auprès d'un grand feu, qu'ils avaient allumé parce que la pluie tombait et qu'il faisait grand froid. 3 Paul ayant ramassé un tas de broussailles et l'ayant mis au feu, une vipère en sortit par l'effet de la chaleur et s'attacha à sa main. 4 Quand les barbares virent l'animal suspendu à sa main, ils se dirent les uns aux autres: Assurément cet homme est un meurtrier, puisque la Justice n'a pas voulu le laisser vivre, après qu'il a été sauvé de la mer. 5 Paul secoua l'animal dans le feu, et ne ressentit aucun mal. 6 Ces gens s'attendaient à le voir enfler ou tomber mort subitement; mais, après avoir longtemps attendu, voyant qu'il ne lui arrivait aucun mal, ils changèrent d'avis et dirent que c'était un dieu.

7 Il y avait, dans les environs, des terres appartenant au principal personnage de l'île, nommé Publius, qui nous reçut et nous logea pendant trois jours de la manière la plus amicale. 8 Le père de Publius était alors au lit, malade de la fièvre et de la dysenterie; Paul, s'étant rendu vers lui, pria, lui imposa les mains, et le guérit. 9 Là-dessus, vinrent les autres malades de l'île, et ils furent guéris. 10 On nous rendit de grands honneurs, et, à notre départ, on nous fournit les choses dont nous avions besoin. 11 Après un séjour de trois mois, nous nous embarquâmes sur un navire d'Alexandrie, qui avait passé l'hiver dans l'île, et qui portait pour enseigne les Dioscures.

12 Ayant abordé à Syracuse, nous y restâmes trois jours. 13 De là, en suivant la côte, nous atteignîmes Reggio; et, le vent du midi s'étant levé le lendemain, nous fîmes en deux jours le trajet jusqu'à Pouzzoles, 14 où nous trouvâmes des frères qui nous prièrent de passer sept jours avec eux. Et c'est ainsi que nous allâmes à Rome. 15 De Rome vinrent à notre rencontre, jusqu'au Forum d'Appius et aux Trois Tavernes, les frères qui avaient entendu parler de nous. Paul, en les voyant, rendit grâces à Dieu, et prit courage. 16 Lorsque nous fûmes arrivés à Rome, on permit à Paul de demeurer en son particulier, avec un soldat qui le gardait. 17 Au bout de trois jours, Paul convoqua les principaux des Juifs; et, quand ils furent réunis, il leur adressa ces paroles: Hommes frères, sans avoir rien fait contre le peuple ni contre les coutumes de nos pères, j'ai été mis en prison à Jérusalem et livré de là entre les mains des Romains.

18 Après m'avoir interrogé, ils voulaient me relâcher, parce qu'il n'y avait en moi rien qui méritât la mort. 19 Mais les Juifs s'y opposèrent, et j'ai été forcé d'en appeler à César, n'ayant du reste aucun dessein d'accuser ma nation. 20 Voilà pourquoi j'ai demandé à vous voir et à vous parler; car c'est à cause de l'espérance d'Israël que je porte cette chaîne. 21 Ils lui répondirent: Nous n'avons reçu de Judée aucune lettre à ton sujet, et il n'est venu aucun frère qui ait rapporté ou dit du mal de toi. 22 Mais nous voudrions apprendre de toi ce que tu penses, car nous savons que cette secte rencontre partout de l'opposition. 3 Ils lui fixèrent un jour, et plusieurs vinrent le trouver dans son logis. Paul leur annonça le royaume de Dieu, en rendant témoignage, et en cherchant, par la loi de Moïse et par les prophètes, à les persuader de ce qui concerne Jésus. L'entretien dura depuis le matin jusqu'au soir.

24 Les uns furent persuadés par ce qu'il disait, et les autres ne crurent point. 25 Comme ils se retiraient en désaccord, Paul n'ajouta que ces mots: C'est avec raison que le Saint-Esprit, parlant à vos pères par le prophète Esaïe, 26 a dit: "Va vers ce peuple, et dis: Vous entendrez de vos oreilles, et vous ne comprendrez point; Vous regarderez de vos yeux, et vous ne verrez point. 27 Car le coeur de ce peuple est devenu insensible; Ils ont endurci

leurs oreilles, et ils ont fermé leurs yeux, De peur qu'ils ne voient de leurs yeux, qu'ils n'entendent de leurs oreilles, Qu'ils ne comprennent de leur coeur, Qu'ils ne se convertissent, et que je ne les guérisse. " 28 Sachez donc que ce salut de Dieu a été envoyé aux païens, et qu'ils l'écouteront. 29 Lorsqu'il eut dit cela, les Juifs s'en allèrent, discutant vivement entre eux. 30 Paul demeura deux ans entiers dans une maison qu'il avait louée. Il recevait tous ceux qui venaient le voir, 31 prêchant le royaume de Dieu et enseignant ce qui concerne le Seigneur Jésus-Christ, en toute liberté et sans obstacle.

NOTES

VENDREDI

A LIRE :
Actes 28

SOAP :
Actes 28 :30–31

Écritures

RECOPIEZ LE
PASSAGE DU JOUR
À LA MAIN.

Observations

NOTEZ 1 OU 2
OBSERVATIONS
TIRÉES DE CE
PASSAGE.

Applications

NOTEZ 1 OU 2
APPLICATIONS
CONCRÈTES TIRÉES
DE CE PASSAGE.

Prière

ÉCRIVEZ UNE
PRIÈRE CONCERNANT
CE QUE VOUS AVEZ
APPRIS DU PASSAGE
D'AUJOURD'HUI.

QUESTIONS
DE RÉFLEXION

1. Pour nous, qui sommes chrétiennes, pourquoi est-il essentiel que notre fois soit basée sur l'Esperance de la résurrection ?

2. Pourquoi Paul avait la certitude que Dieu le délivrerai, même face à la mort ? Pourquoi était-il convaincu de cela ?

3. Pourquoi est-ce que Dieu ordonne toujours à son peuple de ne pas avoir peur ?

4. Quel est l'effet de la peur sur notre foi? Pourquoi devrions-nous nous détourner de la peur, quelque soit les circonstances ?

5. Qu'est-ce qui te fait peur ou te rend anxieuse aujourd'hui? Es-tu capable de remettre tout cela au Seigneur?

NOTES

LES VÉRITÉS DE LA PAROLE DE DIEU À CONNAÎTRE

Dieu vous aime.

Même quand vous vous sentez indigne, que rien ne va, Dieu vous aime, oui, VOUS, et Il vous a créée pour un grand dessein.

La Parole de Dieu dit : "Dieu a tant aimé le monde qu'il a donné son Fils unique afin que quiconque croit en lui ne périsse pas mais ait la vie éternelle." (Jean 3,16)

Notre péché nous sépare de Dieu.

Nous sommes tous pécheurs par nature et par choix, et c'est la raison pour laquelle nous sommes séparés de Dieu, qui est saint.

La Parole de Dieu dit : "tous ont péché et sont privés de la gloire de Dieu" (Romains 3, 23).

Jésus est mort pour que vous ayez la vie.

La conséquence du péché, c'est la mort. Mais une autre voie est possible ! Dieu nous offre gratuitement son salut, et nous pouvons l'accepter librement parce que Jésus a porté la condamnation de notre péché à notre place lorsqu'Il est mort sur la croix.

La Bible dit : "En effet, le salaire du péché, c'est la mort, mais le don gratuit de Dieu c'est la vie éternelle en Jésus-Christ notre Seigneur" (Romains 6, 23) ; "Mais voici comment Dieu prouve son amour envers nous: alors que nous étions encore pécheurs, Christ est mort pour nous." (Romains 5, 8)

Jésus est vivant !

La mort n'a pas pu Le retenir, et trois jours après que Son corps ait été placé au tombeau, Jésus est ressuscité, vainquant ainsi la mort et le péché pour toujours ! Il vit aujourd'hui dans les cieux et prépare une place à tous ceux qui croient en Lui, pour l'éternité.

La Bible dit : "Il y a beaucoup de demeures dans la maison de mon Père. Si ce n'était pas le cas, je vous l'aurais dit. Je vais vous préparer une place. Et puisque je vais vous préparer une place, je reviendrai et je vous prendrai avec moi afin que, là où je suis, vous y soyez aussi." (Jean 14, 2-3)

Oui, vous pouvez SAVOIR que vous êtes pardonnée.

Acceptez Jésus comme seul chemin menant au salut.

Pour accepter Jésus comme votre Sauveur, il n'est pas question de ce que vous pouvez faire, mais plutôt d'avoir foi en ce que Jésus a déjà fait à votre place. Cela demande de reconnaître que vous êtes pécheur et que vous avez besoin d'être pardonnée, de croire que Jésus est mort pour vos péchés, de demander pardon à Dieu en plaçant toute votre confiance en Jésus et en l'œuvre qu'il a accomplie à la croix à votre place.

La Parole de Dieu dit : "Si tu reconnais publiquement de ta bouche que Jésus est le Seigneur et si tu crois dans ton cœur que Dieu l'a ressuscité, tu seras sauvé. En effet, c'est avec le cœur que l'on croit et parvient à la justice, et c'est avec la bouche que l'on affirme une conviction et parvient au salut" (Romains 10, 9-10).

Concrètement, cela ressemble à quoi ?

Avec un cœur sincère, vous pouvez prier une prière comme celle-ci :

Dieu,
je sais que je suis pécheur.
Je ne veux pas vivre un jour de plus sans me
saisir de Ton amour et de Ton pardon pour moi.
Je te demande pardon.
Je crois que Tu es mort pour mes
péchés et que Tu es revenu à la vie.
Je m'abandonne complètement à Toi et je
Te demande d'être le Seigneur de ma vie.
Aide moi à me détourner du péché et à Te suivre.
Apprends-moi ce que signifie marcher libre dans
Ta grâce et aide moi à grandir dans Tes voies
alors que je cherche à toujours mieux Te connaître.
Amen.

Si vous avez prié Dieu en ces termes, ou avec vos propres mots, vous pouvez le partager avec nous, si vous le souhaitez.

Nous aimerions vous aider à démarrer ce merveilleux voyage en tant qu'enfant de Dieu !

BIENVENUE MON AMIE.

Nous sommes ravies que tu sois là !

Aimer Dieu de tout coeur (LGG) souhaite inspirer, encourager et équiper les femmes du monde entier afin que la Parole de Dieu soit une priorité dans leur vie.

INSPIRER

les femmes pour que la Parole de Dieu soit leur priorité numéro 1 au quotidien en leur fournissant des ressources d'étude biblique.

ENCOURAGER

les femmes dans leur marche quotidienne avec Dieu en les entourant d'une communauté en ligne et en les invitant à se rendre des comptes les unes aux autres.

EQUIPER

les femmes pour qu'elles grandissent dans leur foi et puissent partager efficacement la Parole avec d'autres, pour Christ.

Aimer Dieu de tout coeur (LGG) est une communauté de femmes qui utilise toutes sortes de plate-formes technologiques pour cheminer ensemble dans la Parole de Dieu.

Nous commençons avec un simple plan de lecture de la Bible, mais ça ne s'arrête pas là.

Certaines femmes se retrouvent chez elles ou dans leurs églises, tandis que d'autres retrouvent des femmes du monde entier en ligne. Quelle que soit la méthode, nous aimons nous serrer les coudes et nous unir pour aimer Dieu et l'honorer avec nos vies.

A *Aimer Dieu de tout coeur*, vous trouverez des femmes authentiques et vraies. Des femmes imparfaites, mais pardonnées. Des femmes qui désirent moins d'elles-mêmes, et beaucoup plus de Jésus. Des femmes qui désirent connaître Dieu à travers Sa Parole, parce qu'elles savent que la Vérité transforme et rend libre. Des femmes qui sont meilleures ensemble, en communauté, remplies de la Parole de Dieu.

Aimer Dieu de tout coeur (LGG) est une organisation à but non lucratif 501 (C) (3). Les fonds de l'organisation sont réunis notamment grâce aux dons et aux revenus générés par la vente de nos études bibliques (journaux et livres). *Aimer Dieu de tout coeur* s'engage à fournir des études bibliques de qualité et croît que l'argent ne doit pas être un frein à la participation d'une femme à l'une de nos études. C'est la raison pour laquelle toutes nos études sont téléchargeables gratuitement sur notre site LoveGodGreatly.com. Ainsi, celles qui ne peuvent pas s'offrir le journal peuvent tout de même suivre l'étude. Nos journaux d'étude et nos livres sont également disponibles à la vente sur Amazon. Tapez "Love God Greatly" dans la barre de recherche et vous trouverez toutes nos ressources disponibles. L'intégralité des recettes est directement réinvestie dans le ministère *Aimer Dieu de tout coeur* (LGG) et nous permet d'inspirer, d'encourager et d'équiper les femmes du monde entier avec la Parole de Dieu.

MERCI pour votre soutien !

CE QUE NOUS VOUS PROPOSONS :

+ de18 langues | Plans de lecture de la Bible | Études bibliques en ligne
Une appli | disponible dans + de 80 pays
Journaux d'étude et livres | Groupes

CHAQUE ÉTUDE
AIMER DIEU DE TOUT COEUR
COMPREND :

Les versets à mémoriser
Les défis hebdomadaires | Le plan de lecture hebdomadaire
Les questions de réflexion

LES AUTRES ÉTUDES
AIMER DIEU DE TOUT COEUR
DISPONIBLES :

Son Nom | 1 & 2 Timothée | Philippiens | Aimer Dieu de tout coeur | Brisé et racheté
| Ruth
David | Peur & Angoisse | Ecclésiaste | Grandir par la prière | Les noms de Dieu
Galates | Psaumes 119 | 1 & 2 Pierre | Faits pour vivre en communuaté | Esther
En route vers Noël | La source de la gratitude | Dieu t'aime

Retrouvez-nous en ligne sur
LOVEGODGREATLY.COM